GUSTAVE   MARTIN

Mémoires
d'un Cheminot
du P.-L.-M.

(1876-1908)

PARIS

JOUVE & Cⁱᵉ, ÉDITEURS

15, rue Racine, 15

1911

MÉMOIRES

D'UN

Cheminot du P.-L.-M.

(1876-1908)

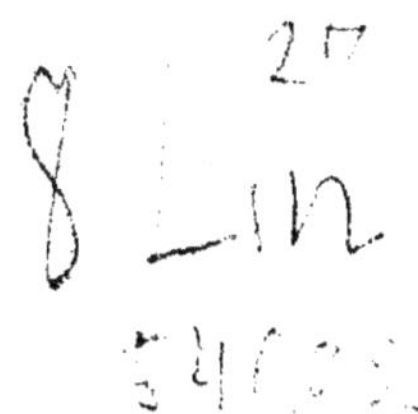

OUVRAGES DU MÊME AUTEUR

Souvenirs de Jeunesse, récits philosophiques et voyages, 1 volume. Paris, 1907.

POUR PARAITRE :

Virgile et Alexandrine, roman, 1 volume.
Fernand et Fernande, roman, 1 volume.
L'Ingratitude humaine, étude sociale, 1 volume.
Les Ardéchois à Paris, étude sociale, 1 volume.
Lina et Suzanne, roman, 1 volume.
Cléon et Phryné, roman, 1 volume.
La Démocratie, étude sociale, 1 volume.
Fables, ouvrage en vers, étude sociale, 1 volume.
La Démagogie, ouvrage en vers, étude sociale, 1 volume.
Ariane, roman, 1 volume.
Le Juif Micalon, roman, 1 volume.
Le Professeur Bougnard et Louise, roman, 1 volume.
Robert et Germaine, roman, 1 volume.
Muguet et Violette, roman, 1 volume.
L'Aristocratie, ouvrage en vers, étude sociale, 1 volume.

GUSTAVE MARTIN

Mémoires d'un Cheminot du P.-L.-M.

(1876-1908)

PARIS

JOUVE & Cⁱᵉ, ÉDITEURS

15, rue Racine, 15

1911

PRÉFACE

De 1876 à 1908, l'auteur des *Mémoires d'un Cheminot du P.-L.-M.* fut loin de penser que l'idée lui viendrait de les écrire.

Et comment aurait-il pu avoir une idée pareille ?

Lorsqu'il entra dans la Compagnie du P.-L.-M., il arrivait de la campagne et ne connaissait que les travaux pénibles du pays ardéchois.

Certes, l'on n'avait pas à cette époque envie d'aller à l'école du soir ou de lire un journal, lorsqu'on avait porté des fardeaux toute la journée, ou pioché les vignes, les mûriers ou les oliviers ; on ne pensait guère à la politique ni à l'agitation des grandes villes, et bien moins encore s'occupait-on des dirigeables et autres machines qui, d'ailleurs, n'existaient pas à cette époque, ou n'étaient encore qu'à l'état de projets.

Attaché à la terre comme le lierre à son rocher, à vingt-trois ans jamais l'idée de quitter le pays n'était venue à l'auteur. Rien, lorsqu'il entra au service de la Compagnie du P.-L.-M., à Lyon-Perrache, ne pouvait lui faire prévoir tout ce qui devait lui arriver. Cependant, malgré les moments difficiles, on doit s'estimer heureux d'avoir pu arriver au but.

Dieu! quel soulagement on éprouve, quoique le travail le plus pénible, celui d'écrire ce qu'on a vu, reste à faire, surtout lorsqu'on veut se rappeler tout ce qui nous est arrivé, depuis le commencement jusqu'à la fin. Et certes ce petit ouvrage eût été bien plus volumineux si l'auteur avait pu croire qu'il lui serait possible d'écrire les pages qui suivent, que la mémoire ne lui ferait pas défaut, qu'il aurait le temps et la patience de tout se remémorer, de revivre par la pensée entre ses collègues et ses chefs d'autrefois, de retracer ses joies et ses peines, celles-ci bien plus nombreuses.

La simplicité de sa manière d'écrire plaira certainement aux lecteurs qui aiment la modestie, et qui sont revenus des grands mots et des phrases alambiquées dont certains écrivains font étalage pour éblouir le public et faire accepter leurs inventions contraires à la vérité. D'ailleurs, ici, il n'y a pas lieu de chercher à imiter les écrivains anciens ou modernes, il n'y a qu'à suivre son petit chemin depuis le départ jusqu'à la fin; ce n'en sera que plus plaisant à lire et amusant en même temps

Jusqu'à présent aucun cheminot français n'a fait imprimer ses mémoires, car bien peu ont pu garder le souvenir des incidents du service d'une si longue période; bien peu ont pu écrire un ouvrage et le présenter au public. Il n'en est pas non plus qui aient pu, comme l'auteur de celui-ci, écrire de nombreux volumes depuis 1908, sans oublier les *Souvenirs de jeunesse; Voyages et récits philosophiques*, imprimés en 1907, un recueil-essai original qu'il avait écrit pour se faire la main.

Ce qui peut paraître extraordinaire, c'est que presque chaque mois un ouvrage en prose ou en vers était commencé et terminé, et cela jusqu'en mars 1909, où l'auteur dut entrer comme garçon auxiliaire de recettes au Comptoir d'escompte.

Hors le peu de temps passé en quelques petits voyages, il produisit ainsi sans interruption.

Ce cerveau est intarissable.

Après les *Mémoires* que nous publions ici, ce fut *Virgile et Alexandrine,* puis *Fernand et Fernande,* ensuite *Lina et Suzanne ; l'Ingra-*

titude humaine ; les Ardéchois à Paris ; la Démocratie, en vers ; *Fables et extraits de Virgile ; Cléon et Phryné ; Ariane ; le Professeur Bougnard ; le Juif Micalon ;* quant à *la Démagogie,* en vers alexandrins accouplés ou croisés, elle fut écrite en trente-huit jours.

Mais l'auteur, au lieu de continuer à faire des encaissements comme auxiliaire, entra comme surveillant de nuit aux Magasins généraux, douze heures de présence durant la bonne saison, et quatorze durant la mauvaise.

Mais les moments de loisir étaient bien employés et aussitôt surgirent *Robert et Germaine,* puis *Muguet et Violette.* Cela fait, fallait-il s'arrêter en si bon chemin ? Pas du tout. *L'Aristocratie,* en vers alexandrins, fut commencée, et sans aucun doute elle sera longue à écrire, toute en vers accouplés depuis le premier jusqu'au dernier. Mais les nuits sont longues et l'obscurité inspire notre auteur.

Combien il est heureux de contempler la lune et les étoiles brillantes, toute la richesse du beau firmament ! Puis surviennent l'orage, les grondements du tonnerre, la pluie, et un instant après le ciel reparaissant étoilé, ou des nuages qui voguent au loin selon la violence du vent : et aussitôt d'aligner quelques vers.

Voilà bien le repos le mieux employé, et cela délasse le corps et développe le cerveau ; et le temps passe comme une ombre.

Le plus grand chagrin que l'auteur puisse éprouver, c'est de retourner dans son foyer, dans sa famille, si une ou plusieurs pages n'ont pas été écrites.

Mais après le service, d'arrêt point, de découragement jamais !

D'autant que cette *Aristocratie* doit être l'œuvre la plus complète, la plus longue, à moins d'un accident quelconque. Nous aurons le temps de nous reposer après notre mort ; et pourquoi de son vivant se laisser aller à la mollesse lorsqu'on a le corps aussi souple qu'à vingt ans, que tout nous porte à agir, alors que l'on peut embrasser de plus vastes horizons ; alors enfin que le cerveau est en pleine activité !

Ce serait un crime que de ne pas lui donner satisfaction et de s'endormir au moment où il faut veiller, au moment où un torrent d'idées cherche à se frayer un passage et à se répandre.

Mais n'allons pas plus loin, arrêtons-nous un instant et occupons-nous des *Mémoires d'un Cheminot du P.-L.-M.*

Ce qu'il était impossible d'écrire avant 1876 était possible en 1908, car, après tant d'abus sont venues les améliorations : augmentation des traitements, suppression des amendes, facilité des voyages sur tous les réseaux français, même à l'étranger, et l'auteur a quitté de son plein gré le service de la Compagnie, au moment où une longue carrière le rendait capable de commander un des services les plus importants. Malgré cela, l'auteur doit beaucoup de reconnaissance aux grands chefs de la Compagnie P.-L.-M., pour le voyage qu'il eut la facilité de faire en Italie en 1907, et en Allemagne et Belgique en 1908

A cette époque avait pris fin la tyrannie des petits chefs. Ils étaient muselés. Ils en avaient trop pris à leur aise sous le manteau des inspecteurs principaux. Et ce qui était le plus curieux, c'est que la plupart ne voulaient entendre aucune explication ou ne daignaient même pas répondre à un inférieur, fermant leur bureau au nez de celui qui sollicitait la permission de leur faire entendre raison.

Mais il arrive que les humbles se trouvant dans le malheur ou pour toute autre cause légitime justifiée, se décident à avoir recours aux grands moyens, à passer outre en allant directement à l'exploitation ; et l'auteur éprouvait un certain soulagement à y être reçu, à pouvoir s'expliquer soit devant M. Picard ou M. Margot ensuite, ou le sous-chef, M. Desmur ; être reçu par M. Noblemaire à la direction, et à défaut de M. Mauris par M. Desmur, sous-directeur. Ce n'est que dans ces cas-là que l'on peut se faire comprendre, que l'on peut faire la différence entre ces esprits cultivés et les petits chefs qui se croyaient des demi-dieux, tels des bouddhas, et qui n'étaient que des ignares pour la plupart. C'est eux qui avaient la clef des petits mystères inconnus de l'exploitation et de la direction : mais que de souffrances les petits n'ont-ils pas endurées ! combien peu d'entre eux ont pu se faire entendre ! En même temps, combien de victimes faisaient ces mauvais petits chefs ? C'est ce qu'il serait intéressant de savoir.

Si les grands chefs recevaient peu, s'ils ne nous donnaient pas raison, au moins en écoutant les réclamations, ils apprenaient ce qui se passait et tout ne se perdait pas, puisqu'ils sont arrivés à connaître les défauts de leurs sous-ordres aussi bien ou mieux que ceux des plus humbles agents, des zéros pour les cheffaillons, mais s'ils n'étaient rien aux yeux du conseil d'administration, ils n'étaient pas moins le nombre.

Certes, ce menu fretin est peu intéressant aux

yeux du haut personnel, mais il l'est pour faire fonctionner les rouages d'une telle compagnie, pour exécuter les ordres, pour faire le travail sans aucun profit, et pour donner satisfaction au public dont il est le très humble serviteur.

Donc, de 1876 à 1908, quel bouleversement dans les services, quelles luttes les grands chefs eurent à soutenir pour abattre l'opiniâtreté de leurs sous-ordres qui voulaient conserver leur prestige au détriment de ceux qui étaient forcés d'obéir.

Que de transformations officielles, et toujours contre le gré des petits chefs qui craignaient d'être amoindris.

Mais il était temps qu'ils le soient, que leurs hypocrisies soient mises au jour, avec leurs bassesses et leurs ignominies, leurs rancunes et leur férocité !... Il était temps que l'exploitation et la direction mettent fin aux abus que commettaient la plus grande partie des petits chefs; ces esprits vindicatifs qui, ne se comprenant pas eux-mêmes, étaient loin de pouvoir se faire comprendre de leurs subordonnés, des services qu'ils commandaient et du personnel sous leurs ordres qui en souffrait cruellement. Si par hasard il s'en trouvait qui semblaient comprendre les abus, ils n'avaient pas le droit d'agir et devaient obéir aux ordres d'un sous-chef de gare, chef, inspecteur sous les ordres du principal de la section. Tous prenaient leurs propres intérêts, mais ceux de la compagnie et des clients n'étaient à leurs yeux que secondaires ; et dans ces conditions comment pouvaient-ils prendre l'intérêt des employés sous leurs ordres ? A cela il n'est pas difficile de répondre qu'ils ne s'intéressaient qu'à ceux qui leur étaient recommandés, à ceux qui, à tort ou à raison, ne devaient à aucun prix rencontrer aucun obstacle sur leur chemin, et dont rien ne devait noircir le casier, mais les autres ne pesaient pas lourd, étant considérés comme bêtes de somme.

Donc, les petits chefs étant imposés, protégés eux-mêmes, ils se gardaient bien de se buter contre ceux qui l'étaient aussi, et c'était adroit à eux de se décharger sur les pauvres diables pour couvrir leurs fautes, leurs défauts ; tous s'entendaient comme larrons en foire ; ils se comprenaient d'autant mieux qu'ils savaient qu'en faisant du tort aux protégés d'un tel, ils s'en faisaient à eux-mêmes. Ainsi, il ne fallait pas toucher aux recommandés ; mais écraser les autres par de faux rapports leur paraissait légitime, et les amendes lavaient tout, mais c'était toujours les mêmes qu'elles frappaient.

Du reste, les chefs n'avaient de valeur que s'ils en infligeaient le plus possible. Ceux-là ne coûtaient pas cher à la compagnie et étaient les bienvenus des inspections principales qui ne savaient qu'approuver leurs rapports de fantaisie : et tous ces intrigants étaient dans la joie d'autant que le service de l'exploitation ou de direction n'avait pas connaissance de leurs procédés.

Rarement aussi les plaintes des petits employés arrivaient jusqu'à eux. L'inspection principale était une barrière infranchissable, et ceux qui voulaient essayer de la franchir n'avaient qu'à bien se tenir s'ils ne voulaient pas sombrer, s'ils ne voulaient pas disparaître, tout en pataugeant dans les ornières creusées par des ingrats qui ne savaient se faire remarquer que par leur bassesse ou leur ignorance.

Ce n'est plus le même vent qui souffle maintenant, ou il est moins violent et permet de s'orienter, de se reconnaître. Cependant le service est devenu plus rude, plus méthodique, et ceux qui, dans les services actifs, croiraient ne rien faire comme cela était possible pour beaucoup autrefois, se tromperaient grossièrement : il faut ou travailler, ou se retirer.

Ce n'est pas le personnel qui attend l'ouvrage

maintenant, mais bien l'ouvrage qui attend les employés : la marchandise et le public qui ont le droit de se faire servir en payant.

Parlons un peu du roulement sur les voies.

Il y a de nombreuses années que c'était un plaisir d'accompagner un train quoique les parcours fussent longs. En arrivant dans certaines gares, les repos compensaient les difficultés ; on avait le temps de se reposer et l'on était dispos pour repartir.

Lorsqu'on accompagnait un train de marchandises, quelle familiarité parmi le personnel !

Mécaniciens, chauffeurs, conducteurs, ainsi que les agents des gares, bien souvent allaient trinquer en frères, en amis, et tout allait bien.

Cet âge d'or ne reviendra plus. Aujourd'hui, tout se complique et la camaraderie disparaît, dans les services on dirait plutôt des sauvages. On ne se reconnaît plus et c'est à celui qui peut tirer son épingle du jeu en évitant les responsabilités.

De nos jours, la méfiance est plus grande qu'autrefois, une perturbation profonde existe partout. Les protégés qui l'étaient par X... ou Z... le sont en ce moment par V... ou Y..., blancs, bleus, rouges et démagogues surtout. A cet égard, il n'y a aucune différence.

Les membres du syndicat sont pareils et seuls les observateurs ont beau jeu ; ceux-là peuvent conclure et constater que dans les administrations et partout ce n'est plus des Français qui assurent les services : ce sont des frères ennemis qui font le jeu des étrangers et nous rendront avant peu la risée du monde entier, à moins qu'on n'y mette le holà : qu'on musèle les meneurs, afin de paraître moins ridicules et de parer au danger de voir arrêtée à l'improviste la vie normale d'une nation ; car le chemin de fer est un des grands moyens de guerre sur terre, de même qu'une puissante flotte est indispensable pour la guerre en pays lointain, est la sauvegarde des colonies et la protection du continent.

Pendant cette longue période, il ne s'agissait pas de faire le travail : pour certains il ne s'agissait que d'intriguer ; les plus mauvais à l'ouvrage trouvaient le moyen de tourner en ridicule ceux qui avaient conscience de leur devoir journalier. Et où se tenaient les conciliabules de ces hommes malfaisants qui nuisaient au service, qui l'avilissaient? chez le marchand de vins ! Et ceux qui offraient le plus de verres étaient les mieux considérés; mais les autres passaient sous leurs fourches caudines. Après cela on pouvait tirer l'échelle. Faites les morts et taisez-vous : voilà un beau résultat.

Mais ce qui était le plus curieux, c'est que beaucoup de nos cheffaillons qui, la veille encore, marchaient en sabots à la campagne ou en souliers terreux, ou qui n'avaient pas été des plus heureux à la ville, une fois qu'ils avaient un petit commandement, qu'ils se voyaient tirés à quatre épingles dans une tenue neuve avec sur leur tête une casquette galonnée, ne se sentaient plus d'orgueil. Si dans le nombre il s'en trouvait qui étaient à la hauteur de leur tâche, combien étaient-ils heureux d'initier dans le service ceux qui les consultaient, qui avaient de bonnes intentions.

Alors les sous-ordres reconnaissaient leurs chefs, c'étaient des pères de famille, tandis que les autres étaient jaloux, même de voir un petit employé se montrer débrouillard ; ils avaient peur d'être supplantés et se gardaient bien de donner un bon conseil.

Mais la plupart des imposés étaient incapables d'en donner ; ils se contentaient d'infliger des amendes, et réunis autour de leurs consommations, ils se vantaient de leurs exploits ; seulement ils oubliaient de dire que les coupables c'étaient eux, se gardant bien de faire connaître la vérité à leurs supérieurs afin que l'on ne s'occupât pas d'améliorer les services mal organisés.

Mais les organisateurs apparurent, ainsi que les ordres venant de la direction et de l'exploitation ; le favoritisme de ces petits prétentieux prit fin, leur règne dès lors était fini ; il avait bien trop duré au détriment des petits travailleurs du service et du public.

Les rôles sont bien changés, d'autant qu'à cette époque ces petits demi-dieux ne faisaient rien ; aujourd'hui ils sont obligés de travailler autant ou plus que les petits et de montrer l'exemple. Ceux qui les approuvaient autrefois les jettent au panier comme un papier chiffonné : il ne s'agit plus d'intriguer ou de faire de faux rapports, il faut qu'ils paient de leur personne et se tiennent là où le service nécessite leur presence. Il a fallu du temps pour en arriver là, il a fallu que leur mauvais esprit soit reconnu et le progrès est arrivé malgré eux, car le besoin s'en faisait par trop sentir.

Aujourd'hui, dans ces services, il ne faut que des travailleurs et non des délateurs qui, « comme les loups, avaient les côtes en long », il leur était pénible de se courber sur le travail ;

combien était-il plus facile de vider des verres chez Pierre ou Paul plutôt que d'apprendre à travailler à ceux qui étaient toujours à la peine et qui ne recevaient que des affronts au lieu d'encouragements. Certes, aucun n'est parfait en ce monde, pas plus parmi les petits que parmi les grands, mais au moins que ceux qui travaillent ne soient plus jetés aux ordures sans motifs appréciables comme par le passé, et pas un n'aura plus l'occasion d'écrire des Mémoires pour faire connaître tant de vérités cachées. La fin de ce régime honteux fait le plus grand honneur aux grands chefs. Donc, rendons-leur grâces et méprisons ceux qu'ils ont dû mettre au pas. Quant à l'auteur, il n'a connu que par ouï-dire les améliorations dont il n'a pas bénéficié ; il se met en devoir de rappeler ses souvenirs du temps où tout n'allait pas comme aujourd'hui. La simplicité et la sincérité font le principal mérite de sa littérature ; que les lecteurs lui en tiennent compte et qu'il soit pardonné d'avance s'il n'a pu en écrire plus long.

MÉMOIRES

D'UN

Cheminot du P.-L.-M.

(1876-1908)

Le 1er novembre 1876, je quittais (sans doute pour toujours) la maison qui m'avait vu naître. Cruelle ironie du sort, puisque j'avais cru y vivre et y mourir Mes malheureux parents étaient navrés ; ma mère, surtout, me fit l'observation que je ne devais pas partir le jour de cette fête, et me demanda d'attendre au moins le lendemain.

Mais rien n'y fit, et sans m'occuper si c'était la fête des vivants, des saints et des morts, je partis sans arrière-pensée avec le permis que mon frère, conducteur de trains à Lyon, m'avait envoyé. Du reste, rien ne pouvait me retenir, d'autant que, au cas où je ne serais pas entré au P.-L.-M., mes mesures étaient prises pour m'engager, afin de pouvoir servir dans la gendarmerie ensuite. Donc, dans la soirée du 1er novembre, j'étais au n° 48 de la rue de la Charité chez mon frère ; le 2, visite médicale pour entrer au service de la Compagnie P.-L.-M. à la gare de Perrache, comme homme d'équipe auxiliaire à 3 francs par jour.

Le 3, je commençais cette longue période de trente et un ans et cinq mois de service qui devait se terminer à Berlin, au cours d'un grand voyage en Allemagne et en Belgique.

Étant habitué à la fatigue, ce service, quoique dur, ne me déplaisait pas. A cette époque, il fallait former et déformer les trains à l'épaule et faire le service du petit entretien. Ce n'était pas agréable de pousser les wagons chargés de vingt roues avec essieux à quatre hommes ; et défense expresse de se servir d'une cale pour les arrêter sur plaque. Ce n'était pas non plus amusant, après s'être crevé le tempérament pour les y amener, d'en faire autant pour les arrêter. Bref, en faisant un tel service, il n'était pas facile de faire des économies, et même de vivre, en gagnant 3 francs : de payer une chambre meublée, s'habiller et se nourrir. J'avoue franchement que si je n'avais pas eu mes parents, il y aurait eu de quoi trouver la vie amère. Certes, je ne prenais guère qu'un repas par jour, heureusement que le chef cuisinier du buffet, nommé Roche, était de mon pays des Assions et un intime ami de mon frère : grâce à lui j'étais bien soigné et le garçon Auguste se faisait un plaisir de me présenter des morceaux de bœuf juteux plus gros que ma tête, et dame, je ne me gênais pas pour en couper de bonnes tranches ; total de la dépense avec une bouteille de vin 1 fr. 25, avec un litre 1 fr. 50, repas com-

plet 1 fr. 65. Inutile de dire que ce repas était unique ;
le matin un bout de pain et de fromage et un demi-
setier, le soir la même chose ; à tout prix il fallait ne
pas faire de dettes.

Le 1er mai 1877, je fus nommé homme d'équipe en
pied après six mois de stage ; jugez donc quelle fortune, j'avais déjà usé une tenue, pantalon de coutil et
blouse, mais j'avais une large ceinture pour me serrer
le ventre (c'était utile par moments).

Un après-midi que j'étais à pousser des wagons
dans le petit entretien, le chef, qui sortait de l'école
de Chalon, trouva que je n'avais pas averti à temps,
d'autant que le coup de tampon avait été un peu
violent. Cependant, j'avais fait mon devoir, ayant crié
à haute et intelligible voix : « Gare au tampon ! », mots
usités. Résultat, et sans être prévenu, j'eus 50 centimes d'amende. Mais si un de ses employés avait
été blessé, ce brave homme, que je devrais appeler
farouche, ne pouvant me faire couper les poignets,
n'aurait pas hésité à me faire révoquer, et ma foi il n'y
avait pas grand'chose à perdre. Ce fut la première
amende ; ce ne devait pas être la dernière.

Autre histoire piquante. Un soir, nous déformions
un train venant du côté de Paris devant la salle des
bagages. Il y avait deux wagons à passer à quai, dans
l'un quelques petits colis et une balle de peaux.
Voyant cela, le brigadier dit qu'il serait préférable d'en
transborder un (ce qui fut fait). La balle de 218 kilos me
passa sur les épaules et mes collègues sortirent les

petits colis. Mais le plus beau de l'histoire fut que, à l'arrivée du seul wagon passé à quai, après le déchargement et la reconnaissance faite, il manqua un colis de volailles qui, sans doute, n'était pas dans l'un des deux wagons lors du transbordement. Mais le service du quai ne trouva rien de mieux que de nous imputer ce manquant et quelques jours après le brigadier Drevon fut invité par le chef de gare, M. Coussieux, à passer à son bureau. Ce n'était que pour s'entendre dire : « Un tel jour, vous avez transbordé un wagon sous gare et après la reconnaissance sur le quai il a manqué un colis que vous serez obligé de payer. »

Aussitôt Drevon de se récrier que si le colis y avait été il serait passé à quai comme les autres, qu'après tout nous n'étions pas responsables des colis, ne pouvant pas les accompagner jusqu'au quai.

« Enfin, répondit le chef de gare, pour vingt-cinq sous, chacun ce n'est pas une affaire, et tout sera fini par là. » Drevon, son frère, et Révérend crièrent comme des putois : et moi que devais-je dire, ayant encore les épaules meurtries par la corde de la balle de peaux ? Mais le plus amusant était de voir le brigadier Drevon grincer des dents tout en roulant son énorme chique dans sa bouche. Ce brave homme faillit l'avaler tout en disant avec rage : « Puisqu'il en est ainsi, le colis sera payé, mais c'est un vol manifeste. »

A la solde on nous retint la petite somme et d'autres mangèrent les volailles.

Je n'étais pas habitué à ces sortes d'intrigues, mais

par la suite j'en vis de bien plus cruelles ; il faut avoir
vu certaines choses pour y croire et à la fin c'est très
instructif.

C'était l'âge d'or pour M. Coussieux et son sous-
chef, M. Coindre. Il fallait les voir faire leurs ferventes
parties de boules, et combien c'était divertissant, de
même sous gare, lorsque ce brave M. Coindre sortait
de son bureau en disant: « Est-il prêt, ce train ? » La
réponse étant affirmative, il donnait un coup de sifflet
et rentrait dans son bureau. C'était la bonhomie
même et les trains roulaient vers Ambérieu, Grenoble,
Valence, Saint-Étienne, Nevers ou Dijon.

Cette année de 1877 ne se passa pas sans quelques
leçons. Un jour, pour éviter d'aller à pied vers le
petit entretien, je montai sur le marchepied d'une
voiture en marche d'un train qui allait se garer, et
tout en me tenant ferme d'une main, je ne faisais pas
attention au poteau en fonte qui soutient une partie
du hall de la gare. Je ne risquais pas de le démolir,
mais ma tête faillit s'y aplatir. J'en fus quitte pour un
long étourdissement, me promettant bien de ne pas
recommencer. Que diable ! il fallait bien que le métier
rentrât ! Cela devait m'apprendre à être plus prudent.

Une fois un peu au courant du service de la gare,
le 1er novembre, je fus autorisé à faire les remplace-
ments de conducteur, ordre de M. Pingré, l'inspecteur
des trains. J'étais à mon affaire de pouvoir voyager,
de ne plus répondre à l'appel; lorsqu'il n'y avait pas
de remplacement à faire en queue ou en troisième,

j'étais au service des bagages. Il s'agissait d'assurer le service sous les ordres d'un brigadier, sans appel à l'arrivée ni au départ, mais j'étais plus heureux lorsque j'entendais dire : « Vite, partez à tel train. » Les déplacements étaient payés 2 francs, soit quatre heures d'absence jusqu'à vingt-quatre.

Ensuite je fus augmenté de 25 centimes, mais malgré cela il n'y avait pas de quoi faire deux repas au buffet, ni faire le fringant avec une connaissance.

A la bonne saison de 1878, revenant de Dijon en queue d'un train de voyageurs omnibus composé de 18 voitures, à Meursault où il y avait une fête, de nombreux voyageurs descendirent ou montèrent dans le train; je n'avais pas fini de fermer les portières que le train partit. Voyant qu'il me serait impossible de monter dans la dernière voiture servant de frein de queue, et que je risquais de la manquer, je saisis la main courante de la troisième avant-dernière et je fis quelques pas en même temps afin de prendre mon élan pour sauter sur le marchepied ; je pensais suivre ensuite la banquette jusqu'à la queue. Mais je n'avais pas remarqué le passage servant à traverser les colis, messageries ou bagages, si bien que lorsque je crus me lancer pour monter, mon pied se trouva dans le vide et je n'eus que la ressource de me tenir cramponné ferme de ma main droite ou de me faire écraser par les dernières voitures du train.

Je parcourus 20 ou 25 mètres dans cette position et je pus, en faisant un effort désespéré, mettre un ·

pied sur la banquette. Il était temps car j'étais plus mort que vif, et il fallut suivre le marchepied jusqu'à mon frein, le train lancé à toute vitesse étant en retard.

Voilà comment les accidents arrivent. J'aurais été écrasé, j'aurais eu un bras ou une jambe coupés ; on n'aurait pas manqué de dire que j'avais bu, cependant, je ne fus sauvé que parce que j'avais du sang-froid et que j'avais le poignet solide. En pareil cas il y avait de quoi dessoûler un ivrogne.

La fin de l'année n'eut rien de bien original, le service se fit sans accrocs par trop criants, j'étais heureux de faire des voyages à Valence ou ailleurs, et lorsque je retournais aux bagages, je l'étais autant de voir la jovialité de M. Coussieux et de M. Coindre. Ce dernier avait la confiance et recevait les autorités : les généraux, préfet, magistrats, maire et conseillers ne connaissaient que M. Coindre. M. Coussieux aimait mieux faire une partie de boules que de recevoir ces divers personnages. Enfin, après eux il en vint d'autres. M. Laboissière était toujours inspecteur principal, M. Deschamps adjoint, M. Cantillon de Tramont inspecteur hors classe, M. Verrier chef de gare, M. Briey sous-chef, et ce dernier fit sentir son autorité au chef d'équipe Sotty qui faisait ce qu'il voulait pour les manœuvres. J'ajoute même qu'on ne pouvait pas se passer de lui à la gare, il faut dire qu'il n'avait pas peur de pousser une voiture seul ; mais aussitôt que Briey fut au courant, il se contenta de faire son service et de venir à la gare à ses heures fixes. Avec M. Briey et M. Cantillon l'âge d'or s'était évanoui. Les employés, brigadiers et hommes d'équipe qui ne saluaient pas M. de Tramont en gare (ou ailleurs) avaient 1 franc d'amende ; un brigadier pris par lui dans la cour de la gare ayant un pardessus (en hiver) avec casquette, 2 francs. Place Perrache ou Bellecour, les hommes qui étaient pris par le même n'ayant pas la tenue complète, 1 franc. Ce qui m'amusait le plus, c'est quand mes collègues disaient : « Tu crois que ce n'est pas malheureux de payer 1 franc d'amende pour des cas semblables, des niaiseries sans nom ! »

Drôle d'amusement que d'avaler ces hosties comme si l'on avait été faire ses Pâques à la cathédrale Saint-Jean.

Cependant, il fallait les digérer en s'assurant que la porte était ouverte pour ne pas être jeté par la croisée.

A ce moment-là j'étais loin de penser que l'homme est ainsi fait, que les petits chefs ne connaissaient que les intrigues pour écraser plus petits qu'eux. Il ne devait rien leur arriver, mais, par contre, se décharger sur les subordonnés, c'était chose facile.

Je cite un cas qui, heureusement, n'arrive pas souvent, mais si c'eût été en hiver, il n'aurait pas eu la même saveur sans doute.

C'était à la bonne saison, les primeurs des pays chauds arrivaient en quantité et, au retour des paniers vides venant de Paris, le train arrivait à Perrache à 1 h. 15 du soir et en repartait à 8 h. 30. Voilà qu'au dernier moment, M. Briey s'aperçut qu'il fallait un conducteur en plus. Il m'appela et dit : « A qui à partir ? » Je répondis que c'était à Robin. « Dites-lui qu'il se prépare tout de suite pour ce train-là, vite, car c'est l'heure du départ. » Voilà Robin qui s'amène tout essoufflé et M. Briey lui dit : « Montez dans ce fourgon et je vais faire partir le train, je donnerai votre nom au conducteur-chef. »

Robin, avec sa lanterne, couverture et hampe à drapeau, monta sur le marchepied afin de pénétrer dans le fourgon, mais celui-ci étant fermé à clef il ne put l'ouvrir. Briey, pendant ce temps, faisait partir le train en disant au chef : votre conducteur supplémentaire se nomme Robin. Mais tous les efforts que faisait Robin furent vains ; cette maudite porte était fermée à l'intérieur par un loquet. Pendant ce temps le train gagnait de vitesse et, comme par un hasard extraordinaire, il ne trouva aucun signal de ralentissement jusqu'à Vienne, arrêt réglementaire, soit 40 kilomètres. Robin put arriver à Vienne debout sur le marchepied, embarrassé et se cramponnant à la main courante pour ne pas tomber. Mais il était à bout de forces et plus mort que vif.

En arrivant il alla raconter sa mésaventure au conducteur-chef qui ne pouvait en croire ses oreilles. « Comment ? s'exclama-t-il. Briey m'a joué ce tour-là de faire partir le train sans se rendre compte qu'il vous était impossible d'ouvrir le fourgon. C'est bien, dit-il, je vais signaler le cas et demander votre remplaçant à la gare, car il vous est impossible de continuer. »

Après entente, et pour ne pas faire d'histoire, Robin s'abrita dans une vigie et continua jusqu'à Valence ; l'affaire fut enterrée par ce moyen le plus simple et par l'énergie de Robin.

Ce brave, ancien sous-officier de zouaves, (engagé volontaire), était père de quatre enfants.

Il fut commissionné aiguilleur à 1.350 francs en 1880, et comme il eut encore plusieurs enfants, il demanda ensuite à passer au service du factage, livraison en ville, afin de pouvoir suffire à ses besoins, ce qui lui fut accordé alors qu'il était à la tête de six enfants.

Les exploits du chef d'équipe Sotty ne doivent pas rester ignorés ; ce brave homme ne se gênait pas pour nous envoyer en déplacement dans une vigie en plein hiver, sans couverture, afin de ne pas occasionner de retard, et cela parce qu'il n'avait pas pris ses précautions à temps. Voyez rhumes, douleurs aux genoux et mal de dents ; pour mon compte j'en pris une bonne part, mais le dévouement était là.

Autre affaire qui mérite d'être racontée.

Il y avait un brave aiguilleur nommé Cler, natif de Serrières (Ardèche), ancien poseur assermenté (vingt-quatre années de service). Il se trouvait en service régulier au poste près le pont du Rhône ; chaque jour il y avait une machine qui allait de La Guillotière à Vaise où était son dépôt, et était annoncée pour Perrache.

Heureusement pour lui, Cler avait signalé le cas chaque fois, disant même sur son rapport qu'un accident était à prévoir, ce qui ne tarda pas à arriver.

Un jour cette machine était annoncée comme d'habitude, et au lieu d'observer les signaux, elle les franchit et alla écraser le frein de queue d'un train de marchandises arrêté sur les voies extérieures. Heureusement que le conducteur était descendu de sa vigie, sans cela il aurait été écrasé en même temps que les demi-muids contenus dans le wagon.

Après enquête sur enquête, l'accident fut imputé au plus faible, à l'aiguilleur Cler.

Le service de la traction et de l'exploitation firent si bien qu'ils furent d'accord que Cler devait payer la casse. Un jour, j'étais de service aux bagages lorsque le sous-chef de gare Briey me dit : « Martin, venez avec moi », je le suivis et arrivés au poste de l'aiguilleur Briey dit à Cler. « Il faut quitter votre poste ; Martin vous remplace. Vous êtes suspendu de vos fonctions. » Cler, plus mort que vif, lui répondit : « M. Briey, je suis assermenté et je ne quitterai mon poste que par la force, c'est-à-dire qu'il faut un agent de police avec vous. »

« S'il n'y a que ça à faire, dit Briey, je vais en chercher un. »

Il revint bientôt avec un agent et en sa présence il lui dit : « L'aiguilleur Cler est suspendu par ordre de l'inspection principale et l'homme d'équipe Martin doit le remplacer. — En ce cas, je pars, répondit Cler. »

Le lendemain, Cler, en raison de la décision prise contre lui, alla trouver l'inspecteur principal, mais inutilement, car il n'y avait rien à faire. Le rapport était parti pour Paris et il devait attendre sa révocation.

Le surlendemain, Cler vint se promener jusqu'à son ancien poste et me dit en pleurant. « Martin, ce n'est pas tout : je dois être révoqué. Je vais immédiatement écrire à M. Picard pour lui demander une enquête ; heureusement que je peux fournir le double de ce que j'ai signalé, sans cela je suis perdu. Vous savez que je ne suis pas fort pour écrire ; je vous prie de me faire une lettre que je vais vous dicter, ou je vais la faire écrire en ville. — Il m'est impossible de la faire, lui dis-je ; je peux vous faire un brouillon que vous copierez ensuite, c'est tout ce que je peux faire pour vous. — C'est ça, répondit Cler, car il faut que ma lettre parte aujourd'hui, et nous verrons. »

Quelques jours après, le chef de l'exploitation, M. Picard, arrivait à Lyon et Cler fut appelé à l'inspection principale où tous ces messieurs réunis avaient conclu que, seul, Cler était coupable.

En leur présence M. Picard dit : « Voyons... Cler dit avoir signalé huit fois ce cas sur son rapport journalier, vous prévenant qu'un accident ne tarderait pas à arriver, que cette machine était annoncée pour Perrache et qu'elle allait à Vaise. Avez-vous fait le nécessaire afin d'éviter l'accident qui s'est produit ?

Donnez-moi le carnet de rapport journalier de l'aiguilleur. »

Mais que vit-il? tous les feuillets où Cler avait signalé l'accident concernant cette machine manquaient.

M. Picard était fixé sur la bonne foi de la gare, de l'Inspection principale, et de la traction, et sans autre explication il dit à Cler : « Mon ami, vous pouvez vous retirer et vous reprendrez votre service demain matin. »

Après son départ il eût été curieux de voir et d'entendre M. Picard qui, certainement, ne dut pas complimenter son entourage. Néanmoins, les dix jours de suspension furent payés à Cler, et peu après de 1.400 francs qu'il avait, il fut nommé à 1.500 francs. Ce brave compatriote avait trouvé un bon juge.

Pendant ce temps j'étudiais ces drôles de mœurs en vertu desquelles le petit était toujours sacrifié, les coupables ne devant avoir sur leur conscience et dans leur casier, que le vide et l'âme aussi blanche que neige. Le métier, petit à petit prenait bonne place, mais je devinais déjà qu'il me serait impossible d'intriguer de la sorte et par la suite je ne m'aperçus que trop que je n'y étais pas apte.

Enfin, tout en travaillant sans m'occuper de quoi que ce soit, un jour, le chef lampiste, M. Letoquard, me dit : « Martin, voulez-vous entrer dans mon service ? Je m'occuperai de vous. » Que voulait-il faire de moi, ce brave homme ? Sans doute un sous-chef lampiste et peut-être un chef plus tard : du reste il fut nommé à Paris à un emploi qui lui permettait de recommander un employé travailleur. Mais au lieu d'écouter son conseil que fis-je ?

Je le remerciai en lui disant que j'étais fonctionnaire conducteur et que je préférais les voyages.

Quelque temps après, ce fut le facteur-chef, M. Mettro, qui me fit appeler dans son bureau et me tint le propos suivant : « Je vois que vous êtes actif. Voulez-vous être nommé facteur de deuxième classe ? Je me charge de faire le nécessaire. » Très poliment je lui répondis que je préférais attendre et être nommé conducteur.

Dans le courant du mois, un de mes collègues fut nommé : mais il était protégé par l'évêque de son pays qui n'était autre que la Franche-Comté. Ce brave B... était-il meilleur serviteur que moi ? était-il fort en géométrie ou en mathématiques... Je n'ose pas le dire tellement il était peu dégourdi : sachant qu'il était protégé il ne connaissait que de travailler le moins possible.

Aussitôt que je fus averti de sa nomination, je fis une demande pour être nommé conducteur aussi, mais M. Laboissière lui fit prendre un drôle de chemin.

Par hasard, je vis son premier garçon de bureau, un de mes compatriotes, auquel je fis part que j'avais adressé une demande pour être nommé conducteur, mais que je n'avais reçu aucune réponse.

Ce brave Barrière se mit à rire en me disant qu'elle avait été mise au panier.

Il aurait fallu qu'il y eût, au dos de ma demande, une lettre de recommandation de Monseigneur l'évêque de Viviers, ou de tout autre personnage.

Donc, le mieux était d'attendre patiemment et d'entendre dire entoute occasion : « Si tu veux avoir de l'avancement, va à la messe et tâche de te trouver en présence de M. Laboissière. Quelques jours après tu iras lui présenter ta demande sollicitant d'être nommé conducteur. » Inutile de dire que cela m'amusait et me fournissait l'occasion de rire.

Enfin, voici un voyage en perspective.

C'était le 29 octobre 1879, mon chef d'équipe Sotty me dit de me préparer pour accompagner un wagon valeurs jusqu'à Valence. Je fus prêt à l'heure et j'avais eu le temps d'aller dans ma chambre chercher une pièce de 20 francs représentant toute ma fortune, afin de m'en servir au besoin. Mais avant de partir, le sous-chef de gare Briey avait dit au conducteur-chef, « Surtout, que Martin soit remplacé à Valence, car nous avons besoin de lui. » C'était très bien, mais j'aurais préféré aller jusqu'à Marseille.

Arrivé à Valence je courus en tête du train pour demander à mon chef s'il me faisait remplacer.

Ce brave méridional me dit : « Si vous tenez à aller voir Marseille, vous n'avez qu'à faire le mort et garder les 900.000 francs d'écus qui nous sont confiés. » Je n'avais jamais été plus heureux et à 4 h. 30 du matin j'étais à Marseille; à 6 heures, entièrement libre ; et bientôt après j'étais à la caserne Saint-Charles où était en garnison un mien cousin, sous-officier des boulangers. Je le fis appeler et en me voyant il me dit : « Quel hasard de te voir ici de si bon matin ? tu arrives bien, car bientôt je vais être libre et nous visiterons Marseille. »

La matinée se passa en promenade à Notre-Dame de la Garde, à Longchamps, le Prado, etc., etc.

Bref, le temps était superbe et c'était à mon avis un des plus beaux jours de ma vie. Le déjeuner eut lieu au Cours Belzunce et certes je fis honneur au repas que mon cousin m'offrait. Aussitôt après, nous nous dirigeâmes vers le port et tout en cheminant nous rencontrâmes un compatriote employé au port. Après quelques paroles courtoises et avoir trinqué en amis, il nous fit visiter le paquebot *l'Anadyr*. Inutile de dire qu'on trouve tout beau lorsque c'est la première fois que l'on voit un bâtiment de ce genre. Ce beau paquebot fit naufrage quelque temps après dans les mers de Chine.

Cette visite terminée, mon cousin lui demanda s'il ne serait pas possible d'aller visiter le château d'If. « Parfaitement, dit-il, il n'y a rien de si facile. » Après avoir trinqué encore une fois, cet ami détacha une barque et à force de ramer il nous conduisit au château.

La mer était d'un calme absolu, mais quoique cela, je n'étais pas rassuré de me voir sur un tel gouffre dans une barque si fragile. Enfin, je fus heureux de visiter la prison de Monte-Christo.

Le retour se fit moins bien que l'aller, l'eau entrait assez souvent dans notre frêle embarcation et je disais : «Nous n'arriverons pas sans prendre un bain.» L'ami Moutet ramait de plus belle et me disait : « On voit bien que tu n'as jamais rien vu. »

Enfin, nous arrivâmes à la Joliette, mais pas sans avoir nos pantalons mouillés, et les trois amis passèrent la soirée ensemble. Dieu ! que de verres nous vidâmes ? Ce brave Moutet s'y entendait pour visiter bars et cafés.

Quand vint 6 heures du soir, je quittai mes deux compatriotes, mais combien j'avais été heureux d'avoir passé une aussi agréable journée avec mon cousin germain, Jules Martin, et l'ami Moutet de Vompdes, près des Vans, et des Assions.

A 10 h. 30 je quittais Marseille ayant un bon souvenir de tout ce que j'avais vu.

Mais nous avions tellement vidé de verres que le voyage ne me parut pas long, et je fus content de prendre un meilleur repos dans ma chambrette du quai de Perrache.

L'hiver de 1879 sévissait et voilà qu'un soir, à 5 h., je partis à l'improviste en queue d'un train de voyageurs pour Ambérieu et Mâcon.

Comme il y avait de nombreux colis, bagages ou messageries à distribuer en route, je fus obligé, le train étant en marche, d'aller me rendre compte où étaient ces diables de colis, surtout qu'il y en avait dans cinq fourgons ou wagons. Enfin l'aller ne fut pas trop désagréable, mais la nuit fut froide, et le matin il fallait partir pour Ambérieu et Genève.

Je fis emplette au buffet de ce qu'il me fallait pour déjeuner en route, mais lorsque la faim se fit sentir je fus déçu : mon vin était gelé, ainsi que le pain et le reste. Aux gares où il y avait un buffet on avait droit à une consommation chaude, mais quoique cela, ce n'était pas amusant.

A 3 heures j'arrivai à Genève ayant le ventre bien ballonné par la faim et le froid.

Au restaurant j'en eus pour une heure à me remettre et pouvoir prendre un repas confortable.

Après quoi, la promenade ne fut pas de longue durée, car la rue du Mont-Blanc était recouverte par quarante centimètres de neige et la bise était glaciale; mais il fallait bien faire une petite provision de tabac ou cigares. Je la fis ample, même, et tout passa comme une lettre à la poste.

Par une température pareille je fus heureux de retourner à Lyon.

Arrivé à Ambérieu mon chef me dit : « Martin, vous aurez l'honneur de vous trouver en tête du train et vous tirerez la cloche pour faire partir le train au signal du chef ou sous-chef de gare. »

Le voyage suivant ne devait pas être plus agréable. Un matin, à 8 h. 45, le conducteur d'un train de voyageurs ayant manqué, je dus le remplacer, et j'eus du mal à arriver à Saint-Germain-des-Fossés. Le froid était excessif et les signaux d'arrière s'éteignaient à chaque instant.

A Clermont, la situation n'était plus tenable et jusqu'à Arvant il fallait rallumer les signaux à toutes les gares. Pour nous donner de la vigueur, partout où il y avait un buffet nous avions droit à une consommation chaude, mais malgré cette générosité nous ne risquions pas de transpirer ; il fallait être vigoureux pour résister. Arvant était le terminus de ce voyage et après avoir passé la nuit au poste des conducteurs, au matin je n'étais guère plus souple que la veille par une température de 25 degrés de froid. De retour à Clermont, j'eus le temps de faire une promenade en ville et je partis ensuite pour Saint-Germain où je devais être le bagagiste de mon frère qui était conducteur-chef.

Il venait de Nevers et fut très surpris de me voir, me demandant : « Mais, qu'as-tu ? tu ne peux plus parler ? » Je lui répondis que j'avais eu trop chaud en revenant d'Arvant.

Arrivés à Lyon, mon frère m'emmena chez lui et après un bon dîner je me trouvai heureux.

Le lendemain, 2 décembre, j'étais en service à la gare lorsque mon chef d'équipe me dit : « Il faut prendre vos affaires et aller à Vaise pour accompagner des trains de minerai qui viennent de Marseille pour le Creusot. »

J'y fus détaché dix-sept jours et Dieu sait comme

l'on était bien dans les vigies de ces vieux wagons, par un froid du diable, avec la neige emplissant le simple réduit que l'on avait pour s'abriter.

A l'approche de Chalon et de Chagny surtout, on n'avait guère envie de continuer jusqu'au Creusot : la température était telle qu'à Dijon des conducteurs robustes étaient descendus de leur vigie, raidis par le froid et incapables d'aller plus loin.

Le mois de décembre passa et l'hiver aussi, mais si je pus le passer sans arrêt, j'en ai toujours eu bon souvenir. C'est que la souffrance ne s'oublie pas. Il ne faut pas oublier de dire que vu la durée du froid, les conducteurs titulaires, quand ils avaient une mauvaise tournée, étaient malades (et il y avait de quoi) ; c'étaient donc les élèves qui attrapaient les rhumes en partant bien souvent à l'improviste.

Après le froid vint autre chose.

Il y eut un remplacement d'aiguilleur à faire et le matin, en arrivant à mon service, je reçus l'ordre de remplacer, au poste 3, l'aiguilleur Parriaut, malade. Voilà que le 2 février 1880, au garage du train 39 venant de Paris, la manœuvre était sur le pont du Rhône. Cler était aux appareils et moi j'assurais le service des aiguilles.

Il y avait de la neige et vu le temps glacial, le matin, Cler avait demandé un poseur pour enlever la neige et les glaçons qui obstruaient aiguilles et croisements. Le chef de gare n'étant pas arrivé, le sous-chef fut sourd à la demande de Cler. Le sous-chef d'équipe Michelet qui était en queue de la manœuvre, aussitôt qu'il vit l'aiguille qui était prise par le talon dégagée, fit signe au mécanicien de refouler. Arrivée au croisement, la voiture de queue sortit des rails et suivie de plusieurs autres se mit en travers des voies. J'étais à l'aiguille de la voie B pour y faire entrer le train, mais je n'en eus pas la peine : après avoir remis l'aiguille en place je voulus me rendre compte d'où partaient les premières traces et je vis que c'était au croisement. Mais pour remettre tout en place ce fut long et il y eut des retards considérables.

D'après l'enquête, comme toujours c'était le plus petit qui devait payer la casse et j'eus 5 francs d'amende. Du coup, je fus trouver le chef de gare en lui disant que je ne voulais pas faire un tel service, surtout par un si mauvais temps ; que si le poseur demandé par Cler avait été sur les lieux, l'accident ne serait pas arrivé. C'était dur d'avaler cette couleuvre et le même jour je vis l'inspecteur et je lui tins ce langage. « M. Cantillon, ce n'est pas possible qu'on puisse m'imputer le déraillement, il n'y a eu aucune négligence de ma part et j'aime autant démissionner que d'être puni à tort. »

« Il ne faut pas, dit-il, il ne faut pas, cela ne vous fera aucun tort. Du reste, je vais joindre une lettre à votre dossier, car je vois bien que vous n'y êtes pour rien, mais que voulez-vous..., il faut un coupable. » Ce qui voulait dire : le plus petit c'est toi, et tu dois payer.

Coup de théâtre

Au retour d'un voyage à Dijon, par un beau dimanche, j'étais libre la soirée et la nuit entière et je décidai d'aller au théâtre des Célestins.

M'étant mis sur mon trente et un, en habit noir et chapeau haut de forme, le soir je fus prendre mon repas dans un restaurant de la rue des Remparts-d'Ainay où j'étais très connu.

La patronne en me voyant arriver me dit : « Où allez-vous passer votre soirée, monsieur Martin, vous vous êtes fait bien beau. » Elle me flattait d'autant que je ne l'étais pas, mais un paysan un peu endimanché, voyez-vous, on dirait quelque chose.

Donc, je me fis servir et pendant mon repas je dis à la patronne que je voulais aller au théâtre, mais que j'étais seul. « Diable, dit-elle en riant, vous avez bien une connaissance pour l'y mener ? — Ma foi non, répondis-je, et seul je n'aurai pas grande contenance. — Emmenez-y mon amie, répondit-elle, elle sera heureuse de vous accompagner. »

Cette amie qui nous écoutait se mit à rire en lui disant : « Oui, mais je ne suis pas préparée. »

Je l'avais remarquée, cette amie, même plus d'une fois ; charmante brune d'environ vingt-cinq ans, d'une taille d'au moins 1 m. 70 ou 75, et des formes ravissantes à faire envie à celles qui n'en avaient pas.

M'armant d'audace, je lui dis : « Voulez-vous accepter de venir au théâtre avec moi, mademoiselle? cela vous distraira et moi aussi. — Je veux bien, dit-elle, même avec plaisir, cela fera passer le temps plus vite. »

Je lui offris le café et un verre de chartreuse ainsi qu'à la patronne qui l'invita à aller s'habiller aussitôt en lui disant : « Dépêche-toi, c'est l'heure ! — Puis-je vous accompagner, ou dois-je vous attendre ici? lui dis-je. — Cela vous fera perdre du temps, répondit la patronne; pendant qu'elle s'habillera vous fumerez un cigare dans la cuisine. — C'est ça, partons vite. »

Elle habitait rue Saint-Joseph et c'était notre chemin pour aller aux Célestins.

Les deux étages ne furent pas longs à monter, et elle me fit asseoir dans la cuisine pendant qu'elle allait se préparer dans sa chambre.

Voilà qu'en allant vite elle déchira son corsage et je l'entendis dire : « Bon ! voilà mon corsage déchiré. Allez au théâtre seul, il m'est impossible de vous accompagner, je le regrette infiniment. — En ce cas je n'y vais pas, dis-je à mon tour. — Vous faites bien, comme ça nous ne risquerons pas de nous faire griller, répondit la belle brune. »

Cela dit, elle se déshabilla tout en causant. « Et puis, dit-elle, demain nous dirons que nous y sommes allés et que nous nous sommes bien amusés, ce n'est pas plus difficile que ça. »

Comme j'étais de bonne humeur, j'eus l'idée de dire :« Mais nous pourrions bien jouer une pièce en cinq actes ici, nous serons auteurs, acteurs et spectateurs. » Cette demoiselle trouva ma proposition à son goût et se mit à rire de bon cœur, et tout me disait que la mise en scène se préparait.

Voyant que nous étions capables de jouer ces rôles, je lui fis observer qu'après le deuxième ou troisième acte nous pourrions être fatigués et que ce serait prudent que j'aille chercher quelques provisions avant que les marchands ne ferment. « Je n'y vois aucun empêchement, répondit-elle, au contraire, car je n'ai pas de bon vin à vous offrir. » Me voilà parti en bras de chemise et j'achetai deux bouteilles de vin blanc et deux de rouge, gâteaux, et tout ce qu'il fallait pour se réconforter.

Mais au retour, et surtout en montant l'escalier, je me disais : « Pourvu que je ne trouve pas la porte fermée, ce ne sera rien. »

Je la trouvai grande ouverte et cette charmante Adèle s'était mise plus à son aise pour commencer la pièce que nous devions jouer.

Me voyant si embarrassé elle dit : « Je vois avec plaisir que vous avez bon cœur et je préfère votre genre à celui des gens qui font beaucoup d'embarras.»

Pour toute réponse, je me permis de l'embrasser pour la première fois et elle ne tarda pas à me faire sentir quelle me le rendrait au centuple, qu'elle aimait la simplicité et non les grandes manières ; qu'elle préférait que mon rôle et le sien soient simples et faciles à tenir, que par ce moyen nous trouverions plus de plaisir chez elle qu'au théâtre, sans aucun dérangement et sans bruit.

Étant au restaurant je ne croyais pas que tout se passerait ainsi et j'étais loin de penser que je verrais un corps si beau sous un costume si simple.

Enfin, nous voilà au troisième acte, heureux comme roi et reine : aussitôt fini on fit sauter les bouchons et nous étions en train de faire voir que nous avions des dents bien blanches..., manger et boire, tout allait bien.

Tout à coup, nous entendîmes du bruit au dehors et de la croisée nous vîmes un incendie immense et l'on entendit dire : « C'est les Célestins qui brûlent! » C'était vers une heure du matin.

Adèle, comme une Madeleine, se jetant dans mes bras, me dit. « Tu vois si j'ai eu une idée lumineuse de déchirer mon corsage. Si nous y étions en ce moment, nous serions dans l'impossibilité d'en sortir, tu le vois : nous aurions pu être grillés comme des harengs saurs. Nous sommes bien tranquilles ici, restons-y, laissons brûler le théâtre des Célestins. Et nous continuâmes notre petit festin pour commencer le quatrième acte et le cinquième ensuite.

Jamais prince n'a été plus heureux que je l'étais et la princesse se chargeait de montrer qu'elle n'avait jamais été à pareille fête.

Le sixième acte fut le ballet pour nous séparer

ensuite, mais nous avions passé une nuit toute de bonheur. Une dernière embrassade et nous nous quittâmes pour toujours.

Mais celui (ou celle) qui ne profite pas de telles occasions, il faut qu'il soit un imbécile, un pédant ou un impuissant. Car il ne faut pas ignorer que celui qui cherche ne trouve pas des cœurs aussi tendres : mais celui sur qui pareille aubaine tombe, et qui ne la saisit pas, ne mérite pas d'être au monde.

Le plus beau était lorsque je me trouvais dans ce restaurant et que la patronne parlait de son amie ; j'avais envie de rire, car elle ne pensait pas que je lui avais aidé à dénouer son abondante chevelure.

Cette nuit de juin 1880 est toujours présente dans mon esprit. Je vois la flamme qui dévorait le théâtre, et je vois en même temps cette gracieuse Adèle dans un costume à rendre rêveur.

Pendant ce temps l'on construisait le Saxby, près le pont sur la Saône, et il fallait des aiguilleurs.

Ce furent les fonctionnaires conducteurs qui furent nommés.

Un jour je fis la rencontre de M. Cantillon et certes, je n'avais pas la prétention de lui parler.

Il m'arrêta et me dit : « Martin, vous êtes compris dans mes nominations d'aiguilleurs en date du 1ᵉʳ septembre 1880. »

Je répondis à M. l'Inspecteur que j'aurais préféré attendre et être nommé conducteur.

Sa réponse fut nette : « Vous demanderez à changer

plus tard. — Oui, lui dis-je, mais en attendant le temps passe sans aucun bénéfice, au contraire, c'est préjudiciable. »

Sans crainte d'être démenti, je puis dire que les petits employés sont les bêtes de somme de chefs moyens, des bouche-trous, pour les circonstances auxquels on ne laisse pas la latitude de se frayer un petit chemin, ayant toujours l'épée suspendue sur la tête ; ou alors il faudrait ne s'occuper de rien, travailler le moins possible et ne veiller que sur l'intrigue.

J'étais à 3 fr. 50 et je fus commissionné à 1.350 fr., huit heures de travail par jour.

Mais à l'ouverture de ce Saxby ce fut pénible. Les enclanchements n'étaient pas disposés pour un service si actif. N'étant pas sur les lieux pour faire les aiguilles, quel désarroi, quel désordre sur les voies, trains, manœuvres, tout attendait que le signal fût donné du Saxby. Mécaniciens, chauffeurs, conducteurs-chefs et conducteurs avaient besoin d'avoir leurs paniers garnis.

C'était très facile de constater l'arrêt, mais le départ se faisait attendre et pas sans grincements de dents, et sans maudire le Saxby.

Enfin, il fallait un commencement.

Inauguration du Saxby

A l'ouverture de ce nouveau poste, ce fut M. Platet, sous-inspecteur secrétaire de M. Picard, chef de l'exploitation, qui y assista, et les chefs de la 4ᵉ section, s'ils y assistaient, c'était en amateurs, mais non pour commander.

Ce M. Platet qui n'avait connu que les écoles était passablement raide.

Comme ça allait très mal, le chef de poste, l'aiguilleur Forest, se permit de faire observer à M. Platet que la manœuvre qu'il avait commandée causerait du retard à un train prêt à partir pour Paris. Au lieu d'en tenir compte, M. Platet répondit « Comment ? un aiguilleur qui se permet une telle observation !... Je vais demander pour vous 10 francs d'amende ! » Il était tout rouge de colère.

Forest s'excusa en lui disant que ce n'était que pour le bien du service qu'il avait fait cette réflexion et qu'il ne méritait pas d'être puni. « Vous aurez 10 francs, répéta-t-il », et l'imbroglio continuait de plus belle.

Le lendemain Forest fut averti par M. Verrier qu'il avait eu 10 francs d'amende.

Ce brave Forest devint aussi blanc que sa chemise, ne pouvant croire qu'il méritait une telle punition — pour une vétille — « Enfin, nous verrons, dit-il, je ne la signe pas (cet aiguilleur était près de prendre sa retraite). »

M. Platet ne pouvait pas rester longtemps à Lyon ; il était trop encombrant dans le poste Saxby. Mais avant de retourner à Paris, il eut un remords de conscience et alla trouver M. Laboissière afin que l'amende de Forest soit levée. Il ne faisait là que réparer une injustice.

M. Picard se trouvant un jour au Saxby dit : « Je vois que vous avez beaucoup de mal pour assurer un tel service, je vais prévenir le buffetier qu'il vous envoie du vin en attendant que ça aille mieux. Ensuite, vous aurez une petite gratification. » Elle fut de 30 francs, et pour la première fois la bienvenue.

M. Picard partit, mais les trains de marchandises encombraient les voies à La Guillotière et à Perrache (2). Mais comment faire ? De tous les chefs de Lyon, aucun n'était capable de juger de la situation, ils se contentaient d'examiner et c'était tout.

Un beau jour, M. de Brissac, ingénieur sous-chef de l'exploitation, était présent, lorsque M. Cantillon dit tout à coup : « Cela ne pourra pas marcher. — Comment, M. Cantillon, lui dit M. de Brissac, vous, inspecteur, vous dites que ça ne marchera pas ! Moi je dis que ça marchera. Vous connaissez les lieux et les besoins et vous ne savez rien trouver pour dégager les voies principales ! Vous assistez tous à un service déplorable sans pouvoir y mettre ordre, sans faire une proposition utile ! »

Sans autres explications, M. de Brissac partit comme une flèche et alla passer une dépêche à M. Dejour, inspecteur du Saxby à Paris.

Le lendemain M. Dejour était à Lyon, et aussitôt son arrivée il prit un marteau et déclancha tout ce qui gênait les voies principales.

2.

Pendant deux jours ce fut un va-et-vient qu'on n'avait jamais vu, par ce moyen bien simple les voies de La Guillotière et de Perrache (2) se débarrassèrent comme par enchantement. Mais il avait fallu le coup de fouet de M. de Brissac.

Quelque chose de plus humoristique

Quoique n'étant qu'un malheureux aiguilleur, j'eus occasion de faire une intéressante connaissance, c'était une superbe payse de vingt ans. Me trouvant un jour à déjeuner chez mon frère, cette charmante personne vint voir sa voisine qui était ma belle-sœur.

Après avoir fait ample connaissance, ma belle-sœur dit : « Beau-frère, voilà votre affaire, si vous tenez à vous marier, c'est bien simple, surtout qu'étant jeunes tout deux, en travaillant vous pourriez être heureux. » C'était bien facile de se voir, habitant près les uns des autres, et le dimanche, lorsque j'étais libre, on allait se promener en famille. Tout cela allait bien ; mais... pour se marier il fallait de l'argent et nous étions aussi pauvres l'un que l'autre.

Voilà qu'un jour je traversais la place Perrache et je vis cette accorte demoiselle faire la causette avec un conducteur de Valence. Étant à une certaine distance, je m'éloignai rapidement et par hasard, quelques jours après, je rencontrai le conducteur que je connaissais. et l'abordant je lui dis : « Vous étiez à votre aise l'autre jour, place Perrache, je vous ai vu causant avec une belle demoiselle et vous ne deviez pas penser à arrimer.vos colis. — Certes non, dit-il, je l'ai connue à Valence et lorsque je la ren- contre je ne peux faire autrement que de causer un peu de Valence qu'elle a habité. Vous la connaissez, me dit-il en riant ? — Je le crois, lui dis-je : c'est une voisine de ma belle-sœur et nous sommes nés dans la même commune. — Tiens, c'est drôle, mais veuillez m'excuser, car j'ai une course à faire avant de partir ». On se donna une poignée de main et nous nous séparâmes.

Finalement je pris une résolution ferme, me disant ceci : si je me marie avec Mlle X..., me voilà dans la misère jusqu'au cou, donc il faut l'éviter : malgré cela je la voyais chez ma belle-sœur et quelque temps après elle partit pour Nîmes, mais ma parole n'était pas engagée. Je venais d'être commissionné. J'eus de ses nouvelles par ma belle-sœur qui l'avait vue à Nîmes étant en voyage et elle lui avait dit : « Vous direz à Gustave que s'il est décidé nous nous marierons. »

La commission fut faite, mais resta sans résultat. A ce moment-là j'habitais cours Perrache non loin d'une brasserie et j'étais chez des gens qui me consi- déraient comme étant de leur famille. Le père était employé à La Guillotière, la mère faisait le ménage, et entre autres leurs deux charmantes filles travaillaient pour leur compte à la maison comme couturières. J'étais pauvre, mais heureux !

Voici qu'un jour, je me rendis dans leur salle à manger pour payer mon mois de garni. Il y avait les deux filles, la mère, et une demoiselle que je ne connaissais pas.

Mais tout en causant la mère était étonnée que je ne connusse pas ma plus proche voisine. Comme moi, elle était en garni et sa porte avait accès dans le même couloir que la mienne. « On voit bien que monsieur Gustave n'est pas curieux, dit cette demoiselle, en riant de bon cœur. Tenez, voyez que nous sommes voisins, voilà ma chambre. » En même temps elle allait à son ouvrage en disant bonjour à tout le monde.

Après son départ, la mère me raconta que c'était une Savoyarde, cuisinière de la brasserie, et que, rentrant tard, je ne l'avais pas remarquée.

« J'ai pu la voir, répondis-je, mais j'ai cru que c'était une cliente. » Il fallut cette occasion pour que je sache qu'elle couchait à quatre pas de moi, et tout en m'excusant je gagnai ma chambre.

Deux jours après, c'était le changement de service et je me trouvais libre toute la soirée, et mon frère aussi. Après notre repas du soir, au lieu de faire la partie chez lui, nous allâmes dans un café, place Perrache, où deux de ses amis devaient s'y trouver pour faire la partie.

Nous la fîmes et nous vidâmes pas mal de bouteilles, tout le monde était joyeux et tard nous allâmes nous coucher. Mais en montant l'escalier je pensais à Mlle M. L... qui m'avait précédé.

Pendant que tout le monde dormait à poings fermés, je fis le moins de bruit possible afin de ne pas être entendu et, me trompant de porte, j'ouvris tout doucement celle de Mlle M. L... qui venait de se coucher, sa lumière n'étant pas éteinte.

En me voyant, elle dit : « Oh ! monsieur Gustave, ne faites pas de bruit, je vous en prie, car si on s'apercevait que vous êtes ici, on nous mettrait à la porte aussitôt. Allez vite vous coucher. »

En même temps je l'embrassais fiévreusement en lui disant : « Permettez, au moins, que j'aie un bon souvenir de vous ! » Oui, mais cette embrassade n'en finissait pas et, au lieu de me retirer, je devenais de plus en plus hardi. « Je vous croyais timide, dit-elle, mais vous venez de faire la partie, c'est pour cela que vous êtes si gai. — En effet, lui dis-je en l'embrassant avec tendresse. Je voudrais même la continuer avec vous. » Enfin, je fis si bien que nous passâmes la nuit ensemble et nous eûmes le temps d'en raconter. Mais voilà ! son lit n'était qu'à une place, et malgré qu'il fût étroit, nous nous accordâmes tant bien que mal, et le matin d'assez bonne heure, sans faire de bruit, je me retirai dans ma chambre.

Nous n'avions pas beaucoup dormi, mais quelle joie ! Quel contentement réciproque ! C'est là que l'on connaît les charmes d'une nuit heureuse, loin des tracas du métier et toute en bonheur ! en tel cas la vie paraît douce.

Mais, après cette première intimité, c'était mon lit à deux places qui nous servait de gîte chaque fois que j'étais de service de jour. Ce n'était plus à moi de me tromper de porte, et ma dulcinée venait me trouver sans bruit et sans prévenir les maîtres. Mais tout a une fin et je fus bien fâché quand je fus obligé de quitter mon alcôve pour faire place au gendre qui venait d'épouser une des filles : la mère voulait me donner la deuxième, mais c'était impossible, nous étions trop pauvres pour nous marier. Ensuite, j'allai encore en garni sur le quai de Perrache chez des amis de mon frère et de ma belle-sœur. Ce ménage était sans enfants et ma chambre prenant jour sur le quai servait à tous. Ces braves gens âgés me considéraient comme si j'avais été leur fils. Donc, malgré ma pauvreté, j'étais toujours heureux.

Cela ne m'empêchait pas d'aller voir mes parents qui habitaient à Venissieux (limite de Lyon).

Un jour, j'eus occasion de déjeuner en famille avec une amie de ma belle-sœur qui se trouvait de passage à Lyon, venant de l'Ardèche et allant à Paris. Tout alla pour le mieux et nous nous quittâmes en compatriotes sans autres vues.

Après son départ pour Paris, huit jours après, j'étais encore à Venissieux et surpris qu'en mon absence il avait été question de mariage.

— Vous plaît-elle, mon amie, me dit ma belle-sœur. Si vous voulez vous marier elle a 10.000 francs, mais quelques années de plus que vous.

— Diable ! répondis-je, c'est beaucoup pour moi qui n'ai rien. Dans tous les cas si vous l'avez combiné ainsi, je vais demander un congé et un permis et j'irai faire plus ample connaissance, d'autant plus que chez vous il n'a été question de rien : écrivez-lui que j'arriverai à Paris, tel jour, à tel heure.

Le rendez-vous fut donné chez un de mes frères, rue Balzac. Elle fut exacte, je le fus aussi : la journée se passa sans enthousiasme et nous décidâmes d'aller au théâtre le soir, mais mon frère Léon ne voulant pas être seul, comment faire ?

— Au reste, dit-il, je connais une demoiselle qui habite 11 *bis*, rue du Quatre-Septembre, je vais lui écrire que nous la prendrons ce soir à 8 heures si elle peut sortir.

Au hasard nous arrivâmes en voiture pour prendre cette personne si elle était libre, pour être la cavalière de mon frère.

C'est ce qui arriva, et la soirée se passa fort agréablement, mais celles qui avaient été nos deux modestes compagnes jusqu'à 1 heure du matin devaient avoir par la suite un singulier contraste dans leur destinée.

Celle qui m'avait donné le bras toute la journée et qui m'avait accompagné jusqu'au matin ne devait pas être ma future. Quand il fallut nous séparer, nous conduisîmes Mlle M. G... rue du Quatre-Septembre et, certes, je ne la connaissais guère ; ensuite Mlle P. L..., rue Fontaine-Saint-Georges ; et de là nous rentrâmes rue Balzac. Chemin faisant, mon frère me dit : « Quelle impression t'a fait Mlle P..., ce sera un mariage ou pas ? — Ce n'est guère possible, lui dis-je, elle me paraît fatiguée et j'aime mieux rester garçon que de me marier avec Mlle P..., quoiqu'elle ait 10.000 francs. Je préfère une personne à mon goût, fût-elle aussi pauvre que moi. Donc, n'en parlons plus. »

Le lendemain je voulus voir la Chambre des députés et mon frère fut heureux de me dire que ce n'était pas difficile par l'intermédiaire de M. Vaschalde, député de l'Ardèche. M. Gambetta présidait et M. de Brunetière fit un discours qui occupa la séance.

Le soir je quittais Paris sans revoir celle pour qui je m'étais dérangé, honteux d'aller lui faire mes excuses ; ce fut mon frère qui se chargea de lui dire qu'un mariage était impossible.

De retour à Lyon, je déclarai à ma belle-sœur et à mon frère que je m'étais dérangé pour rien.

— C'est dommage, répondit ma belle-sœur, elle n'est pas belle, mais elle a un si bon caractère, un si bon cœur.

Au moment où j'écris ces lignes, cette bonne personne vit de ses rentes ayant un capital de 80.000 francs.

Peut-être que s'étant mariée avec moi, ou elle serait

morte, ou elle n'aurait pas le sou. Peut-être aurais-je été heureux avec elle. Voilà ce qu'est la vie !

En quittant Paris je ne pensais pas à Mlle M.G..., de la rue du Quatre-Septembre, mais huit jours ne s'étaient pas écoulés que l'idée me vint d'écrire à cette plantureuse demoiselle ; jour et nuit je voyais l'ombre de cette Berrichonne parisienne, et la réflexion fut vite faite. Une heure après la lettre partait pour Paris, portant une adresse à moitié complète, mais je n'en connaissais pas plus long.

Malgré cela elle arriva, d'autant que le facteur y mit de la bonne volonté en demandant aux concierges du 11 et 11 *bis* s'ils ne connaissaient pas Mlle M. G... Au reçu de ma lettre Mlle Marie fut très étonnée d'avoir de mes nouvelles. Elle me fit réponse aussitôt, me disant:

« Monsieur Gustave, vous avez cru sans doute trouver en moi une femme riche, mais ne le croyez pas, car je n'ai rien. En outre, je vous affirme que je vous ai si peu remarqué que je vous croiserais dans la rue sans vous reconnaître. Vous voyez, monsieur Gustave, que c'est inutile de continuer de m'écrire. »

Je lui répondis par retour du courrier que si elle n'avait rien, j'étais dans les mêmes conditions, mais que si elle y consentait je retournerais à Paris pour, malgré notre pauvreté, faire plus ample connaissance avec elle.

Elle me fit la réponse suivante : « Je serais heureuse de vous revoir encore, mais dans aucun cas je ne veux me marier avant deux ans. Je gagne ma vie et je veux en profiter. »

Enfin, après s'être revus et écrit pendant dix-huit mois, Mlle Marie G... et Gustave M... passèrent devant M. le Maire.

Ce qu'il y a de plus surprenant c'est que venant de Paris pour voir Marie G..., la concierge de la maison où j'habitais me dit par hasard : « Vous venez de Paris voir une connaissance, lorsqu'il y a dans la maison une demoiselle qui se marierait volontiers avec un employé. Elle a 4.000 francs et aura du bien plus tard, ses parents ayant une propriété en Auvergne.

Je répondis que je n'avais rien et qu'il était inutile que je fasse sa connaissance, puisque j'avais fait mon choix. La concierge me répondit en riant que je la voyais tous les jours d'autant qu'elle habitait au-dessous de ma chambre et que souvent elle lui avait dit : « Je me marierais volontiers avec cet employé. »

J'eus occasion de lui parler quelques jours après et tout en la remerciant je lui dis : « Vous êtes bien aimable, mademoiselle M..., mais devrais-je être le plus malheureux des hommes, je ne changerais pas d'idée. »

Celle pour qui j'ai écrit ma *Vision vécue* (dans mes *Récits Philosophiques*) devait me sauver la vie et disparaître à la fleur de l'âge, comme une fleur, comme quelqu'un qui ne remplit que la moitié de son rôle.

MÉNAGES, NE LOUEZ PAS EN GARNI

Ceci paraît une montagne ? Cependant ce n'est qu'une souris. Ayant quitté les Parsy, j'étais en chambre garnie chez des braves gens auxquels je n'aurais pas voulu fournir un motif pour faire naître le moindre soupçon. Cependant on est obligé de se laisser entraîner parfois par le courant, lorsque tout vous y pousse.

C'était un ménage sans enfants, des plus unis : la ménagère avait trop bien soigné son conjoint et à la bonne saison il fut obligé d'aller aux eaux pour douleurs et goutte.

Je ne faisais que leur dire bonjour ou bonsoir sans penser à autre chose, mais souvent on est obligé de penser sans le vouloir, l'on y est amené comme l'eau au moulin.

Même avant le départ du mari je m'étais aperçu que mon lit était mal fait. La paillasse, pleine de feuilles de maïs, était arrangée de façon qu'étant couché sur le matelas je roulais contre le mur. Ne voulant pas leur faire d'observation j'étais décidé à partir à la fin du mois.

Lorsque le mari fut parti, ce fut pire. Quelques jours après son départ (c'était un samedi), je fis part à madame que, bien que mon lit fût à deux places, j'avais du mal à y en trouver une, ceci dit sans me fâcher ; madame se mit à rire en disant : « Demain, il sera mieux fait, vous pourrez amener une connaissance. — J'aime trop ma liberté, lui répondis-je. — Ce n'est que par ce moyen qu'on trouve la vie douce, me dit madame en me fixant étrangement. »

Le lendemain, à 6 heures du soir, ma journée étant finie, je pris un léger repas et à 8 heures j'étais dans mon garni et couché. Une heure après la porte de ma chambre s'ouvrit et que vis-je ? C'était madame en costume léger qui, étant contre mon lit, me dit : «... Est-il mieux fait aujourd'hui, je l'ai fait pour deux et j'espère que vous êtes à votre aise ? — En effet, répondis-je, en me frottant les yeux, et si j'avais eu une connaissance, j'aurais pu l'inviter à me tenir compagnie. »

Madame paraissait heureuse de cette réponse et moi, en voyant d'aussi belles formes, je ne pus m'empêcher de lui prendre son bras et de l'embrasser pour me dédommager de la gêne que j'avais éprouvée.

Paraissant être une novice et honteuse elle ne chercha pas à fuir : au contraire ce fut une embrassade sans fin qui m'en disait long.

Ma connaissance était toute faite et bientôt elle prenait bonne place. Le voile était tombé et si elle était au parfait bonheur, j'y étais aussi, d'admirer des formes telles qu'on n'en voit que rarement. Si j'avais été sculpteur ou peintre le modèle était devant moi et je n'aurais eu qu'à m'exécuter.

Ce fut une étrange 'nuit : je n'étais pas habitué à de pareilles surprises ! et dire que je n'avais pas un gâteau, un verre de vin ou de liqueur à lui offrir, et bien moins, un billet bleu ma bourse était presque vide.

Mais elle n'en demanda pas tant et la forêt de cheveux que j'avais sur la tête mêlée à sa chevelure, qui était des plus abondantes, avait produit son effet.

Autant courageuse qu'amoureuse, elle se leva et alla chercher gâteaux et bon vin ; mais après cette légère collation ce ne fut plus de la joie ! Ce fut un délire amoureux et la fête dura jusqu'au matin.

Conclusion : jour et nuit, chaque fois que j'étais libre nous en prîmes à notre aise jusqu'à l'arrivée du mari revenant de soigner sa goutte, et à la fin du mois ce nid qui nous avait si bien abrités se trouva déserté à notre grand regret. Ce secret qui devait être emporté dans la tombe peut trouver son écho aujourd'hui.

Mais sans bruit, sans scandale nous ne devions jamais plus nous revoir. Je n'avais pas la prétention d'être un saint et elle bien moins une sainte ; mais en pareil cas qu'eût-il fallu faire ?

J'ai gardé de cette aventure un souvenir délicieux, que le temps n'a pas effacé ; et la plus vive reconnaissance à cette conquête.

Car en m'accordant tant de faveurs, elle savait que j'étais simple, et un humble si l'on peut dire, ne pouvant même pas lui acheter un bijou. Mon bon cœur et ma bonne foi lui suffisaient et sans doute qu'elle aurait moins obtenu d'un faiseur d'embarras. Mais elle l'aura évité préférant de beaucoup un rustique campagnard.

Ce mal dégrossi s'appelait Gustave.

Revenons a nos aiguilles

A défaut de chance, il arrive toujours malheur et en voici la preuve.

Parmi les communications entre les voies principales, il se trouvait celle des voies 1-2 qui se trouvaient très éloignées du Saxby, et la pose des tasseaux n'était pas parfaite ; un soir, le train 624 qui partait à 6 h. 20 était prêt lorsque la communication 1-2 fut demandée pour son départ.

Aussitôt, je fis les aiguilles et Favrichon le disque. Le sous-chef de gare, le voyant effacé, donna au train le signal de départ. Il partit, mais ce fut pour s'arrêter aussitôt. La machine passa, tandis que le tender suivait la voie principale, l'aiguille étant restée entr'ouverte. Ceux qui étaient sur les lieux auraient pu s'en apercevoir, mais pour nous, dans le Saxby, tout était normal.

Ce ne fut pas fini : après le rétablissement de la voie, et le départ du train, on fit enquête sur enquête et le chef de section, qui sortait des grandes écoles, voulait que la pose de la communication fût parfaite et que le disque n'ait pu être donné sans que les aiguilles fussent faites.

Le sous-chef de gare et d'équipe, ainsi que le conducteur-chef avaient vu le disque effacé et avaient fait partir le train. Finalement, nous étions les plus petits et nous devions être responsables. Quelques jours après, nous eûmes une note signée Deschamps : Martin 3 francs et Favrichon 5 francs d'amende.

Elle fut refusée, et M. Deschamps, qui nous avait puni, nous en envoya une deuxième en appliquant à Martin 5 francs et à Favrichon 10 francs d'amende.

Je vois toujours Favrichon sautant comme une carpe, et ne pouvant se résoudre à signer une telle punition. Une lettre signée des deux aiguilleurs, adressée au chef de l'exploitation fut remise au chef de gare, afin qu'elle parvienne par voie hiérarchique, mais en le prévenant qu'une deuxième était toute prête à être envoyée à Paris. M. Deschamps, ne voulant pas recommencer l'affaire Cler, eut horreur de son crime ! et nous fit aviser par M. Verrier, chef de gare, que notre punition n'était pas maintenue : ce fut fini, mais une haine sourde devait nous suivre dans notre carrière. Contre Favrichon il ne pouvait rien, car il était prêt de prendre sa retraite, mais pour moi, qui étais jeune, et qui l'avait suivi à Paris peu après sa nomination d'inspecteur principal à la première section, ce fut autre chose.

Autre histoire peu banale

Le 22 janvier 1881, j'allais prendre mon service à 10 heures du soir, lorsque sur les voies je rencontrai l'aiguilleur Paulin que je devais remplacer aux appareils du Saxby. Il me dit qu'il n'y avait rien de nouveau. « Tout va bien, dit-il ; au revoir. — C'est très bien, lui répondis-je. »

Mais une fois à mon poste, je vis la voie principale 1 (côté Vaise) occupée. J'en fis part au chef de poste qui, aussitôt, alla en avertir le sous-chef de gare en lui disant que Paulin étant parti, nous ne pouvions pas rendre la voie à Vaise, c'est-à-dire au poste de l'autre côté du tunnel, ne sachant pas ce qui occupait la voie.

Pendant ce temps, le stationnaire de ce poste avait reçu l'annonce d'un train de voyageurs et demandait que la voie lui soit rendue en faisant l'essai de l'appareil, et sachant qu'une machine était partie de son poste depuis longtemps. Bref, le train arrêté à son poste partit avec un bulletin d'avoir à avancer avec précaution.

De notre poste, nous vîmes le train de voyageurs qui sortait du tunnel, marchant au pas.

Les signaux lui furent donnés, mais il avait perdu un temps considérable et l'on sut que c'était Paulin qui avait oublié de rendre la voie après le passage de cette machine qui était arrivée à la Guillotière depuis longtemps.

Après l'enquête, Paulin fut puni de 3 francs d'amende pour avoir oublié de rendre la voie à une machine venant de Vaise et avoir abandonné son poste avant mon arrivée, c'est-à-dire avant d'être remplacé. Tout autre que lui aurait eu 5 francs et peut-être moi aurais-je eu 10 francs si j'en avais fait autant, donc il devait s'estimer heureux d'être favorisé. Là encore, il y eut un jaloux, le sous-chef de gare Briey était son protecteur, et sans lui Paulin n'aurait jamais été commissionné.

Mais, ce soi-disant brave homme de Briey, lorsqu'il vit que son protégé était puni et que je ne l'étais pas, fit un rapport suivant lequel l'aiguilleur Paulin n'aurait pas dû être le seul puni, moi étant aussi coupable que lui.

Le résultat ne se fit pas attendre et j'eus 3 francs comme Paulin.

Signé : M. Deschamps.

L'année de 1881 se passa tranquillement : et comme un ermite j'habitais place Perrache, 21, ayant acheté le strict nécessaire pour être chez moi, et là, je vivais en reclus. Je m'y plaisais en attendant mieux. Un après-midi, étant libre, j'étais allé me promener au bord de la Saône, et, en rentrant chez moi, je fis la rencontre d'une compatriote, blanchisseuse de son métier, que j'avais vue une fois chez ma belle-sœur, alors qu'elle habitait rue de la Charité. Elle me recon·

nut et me dit : « Tiens, voilà monsieur Gustave. Comment ça va? — Très bien, répondis-je, et vous ? — Je vais bien, comme vous voyez, mais il y a longtemps qu'on ne s'est vu. »

En effet, et je dois dire que je ne pensais point jamais à elle ; lorsque je lui dis : « Je ne suis plus en garni. Voulez-vous m'accompagner et vous verrez comment je suis installé, comment je vis. — Je puis disposer d'un moment, dit-elle, et, en amis, nous montâmes chez moi. — Vous voyez quel luxe, lui dis-je, quelle pauvreté. Il n'y a qu'un bon cœur, et c'est tout. Je dois me marier prochainement et je vis en solitaire. »

Cette brave compatriote (elle était née aux environs des Vans, Ardèche) attendait sans doute que je lui fasse des propositions de mariage : mais ayant le cœur gros l'un et l'autre nous nous contentâmes d'une longue embrassade et de nos yeux de grosses larmes coulaient.

Une pareille étreinte n'aurait pas tardé à avoir des conséquences que je préférais éviter. Je sentais que mon amie, dans mes bras, n'aurait pas résisté bien longtemps.

Nous étions assis sur mon petit lit, et nous étions sans volonté pour nous séparer.

Mais ce n'est pas en pleurant que l'audace vient. On s'embrassa une dernière fois, tout en larmes, comme si nous étions honteux l'un de l'autre, et la séparation fut définitive. Mon amie, la rougeur au front, se tenait à la rampe pour ne pas tomber en descendant l'escalier.

Pendant ce temps, il y avait à Paris une charmante personne à laquelle j'avais promis le mariage. Écrire des lettres c'est très bien, mais tout a une fin, et en avril 1882 je partis pour Paris afin de mettre un terme à ma solitude, car il arrive un moment où ce poids devient lourd. Notre union fut célébrée le 22 avril et le retour se fit par le Bourbonnais, avec arrêt à Saint-Pierre-le-Moutier, afin de connaître la famille et les amis de ma compagne.

Arrivés à Lyon, nous nous installâmes comme si nous avions dû y rester longtemps ; mais après quelques mois de tranquillité, ma femme me dit : « Tu ne sais pas ce que nous avons à faire ? Je ne vois rien de bien agréable ici, pour moi je ne vois rien d'intéressant, dans quelque temps ma position deviendra gênante et je préférerais être près de ma sœur lorsque j'arriverai à terme. Donc, fais une demande pour aller à Paris : du reste, tu vois qu'il est difficile de vivre ici avec ce que tu gagnes. »

Une demande de changement de domicile fut adressée à M. Laboissière sans résultat.

Voyant cela, je n'avais qu'une chose à faire, c'était de demander un congé et d'aller trouver le chef de l'exploitation afin d'obtenir mon changement à n'importe quel titre, ou de démissionner.

Arrivé à Paris, rien de plus pressé que d'aller à l'exploitation, et j'y fus reçu par M. de Bornet, chef du personnel. Après avoir entendu mes explications, ce brave homme me dit :

« Tout cela est très bien, mais nous ne pouvons rien sans une note de votre chef de gare de Lyon. Il faut que nous sachions si vous êtes un bon ou un mauvais serviteur. Vous pouvez vous retirer et je vais écrire aussitôt pour avoir des renseignements et vous serez avisé de la décision prise à votre égard. »

M. Verrier, ayant reçu la lettre, répondit que j'étais un bon serviteur et qu'il ne voyait aucun inconvénient à ce que j'obtienne mon changement de résidence.

Je n'avais donc qu'à attendre que ma demande soit prise en considération, et elle le fut.

Dans la quinzaine, je reçus une note d'avoir à quitter Lyon pour Paris : j'étais nommé conducteur de trains à partir du 1er novembre 1882.

Un permis et un bon de transport me furent délivrés et le 24 octobre j'étais à Paris.

Ma compagne, quoique incapable d'aucun travail vu son état de grossesse, était heureuse d'avoir quitté Lyon et d'être installée au 73, rue de Richelieu.

J'étais heureux de mon service de conducteur, d'autant que je n'avais qu'un service de bricolage, de bouche-trou.

Le 5 décembre 1882, étant de planton, je dus m'absenter un instant pour aller chercher de quoi casser la croûte, mais, pendant ce temps, ma présence fut utile pour assurer un train en partance. Il y avait eu malentendu entre moi et mon collègue pour assurer ce train, et mon absence, que je croyais légitime, me coûta 3 francs d'amende; le commis qui avait fait l'erreur était aussi coupable que moi, mais il n'y avait qu'à payer.

Quelque temps après, je fus embrigadé et j'étais heureux avec mon conducteur-chef. Le 20 avril 1883, je venais de Dijon par le train omnibus n° 38, le temps était mauvais, j'avais un mauvais frein, et à tout moment j'étais debout pour obéir au sifflet du méca-nicien à l'approche des gares. Arrivé à Laroche, ce maudit train, au lieu de se garer dans un court espace de temps afin que je puisse avoir le temps de man-ger, stationna longtemps sur la voie principale et j'attendais toujours pour assister au garage qui devait laisser passer un train de marche plus rapide.

Et, debout dans ma vigie, j'assistai à la manœuvre qui devait être refoulée sur la voie principale, côté Auxerre. Cette manœuvre était près de s'arrêter lorsque d'un bond je descendis pour prendre mon panier qui était dans l'allège, afin de manger. Pendant que la manœuvre s'arrêtait, un sous-chef de train principal vit la vigie sans conducteur et, en zélé, signala que je n'étais pas à mon poste lors du garage du train que j'accompagnais. J'avais fait mon devoir et j'avais le ventre ballonné par la faim, mais je devais rester *dix heures* en service, serrer mon frein à l'approche des gares, appeler la gare à haute voix et ouvrir ou fermer les portières. Cette journée était des plus dures et pour toute récompense j'eus 3 francs d'amende.

Le lendemain, ma femme ressentit des douleurs qui annonçaient la fin de sa grossesse, mais devaient avoir des suites fâcheuses, et le 22 avril 1883, elle accoucha dans des conditions peu enviables. C'était un énorme garçon, mais il ne put voir le jour, car la mort avait fait son œuvre.

La malade était assistée d'une sage-femme et de sa sœur plus âgée, donc j'avais confiance, mais il aurait mieux valu qu'un bon docteur fût présent et que je flanque par la croisée sœur et sage-femme. Lorsqu'un docteur vint pour constater le décès de l'enfant mort-né, il ne put s'empêcher de dire que jamais il n'avait vu un si bel enfant. Ce malheureux pesait près de 7 kilos, et peu s'en fallut que je perde aussi la mère.

Dans ces conditions, je n'étais pas à la fête et je compris ce qu'était la valeur de la vie et de la mort.

Malgré tout, M. Ithier, l'inspecteur des trains, voyant que j'étais très actif, me fit nommer à 1.500 fr. le 1er août 1883. Tout marchait à merveille et à l'examen oral M. Ithier me dit : « Martin, vous n'avez pas fait un examen écrit, mais je vous ferai appeler un de ces jours. — Que ce soit le plus tôt possible, répondis-je à M. Ithier, au moins je saurai si je suis apte à faire un chef. »

Dans le courant de la semaine je fus appelé et mon

examen fut très bon. Seule, mon écriture laissait un peu à désirer.

M. Ithier prit donc connaissance de ce que j'avais fait et un soir, m'ayant aperçu avant le départ d'un train pour Malesherbes, il m'appela et me dit : « Martin, votre examen est plus que suffisant, continuez à faire un bon service et je vous ferai nommer conducteur-chef. »

J'étais à la joie, mais elle fut de courte durée.

L'année 1883 ne me laissait que de tristes souvenirs, mais tout passe, la vie aussi ; l'on est heureux d'avoir de bons chefs, malheureux d'en connaître de mauvais.

Voilà que le 23 mars 1884, accompagnant le train 3111, à l'approche de la bifurcation de Corbeil, près de Villeneuve-Saint-Georges, au lieu d'être entièrement debout dans ma vigie, j'avais le haut du corps sur la toiture du wagon afin de ne pas sentir le froid à la poitrine. Mais M. Mouroux, mon chef de train principal, était embusqué et il aurait voulu constater que j'avais 1 m. 85, la moitié ne lui suffisait pas. Ce qu'il y a de plus curieux, c'est que je m'expliquais d'autant moins ce service que j'étais prévenu que M. Mouroux était en embuscade. En effet il y était bien et j'en fus quitte pour 2 francs d'amende.

Le 2 juin 1884, je devais accompagner le train 3051, départ de Bercy. Mon démon de réveil s'étant arrêté, je ne fus réveillé qu'au moment où le train devait partir de Bercy. Comme j'habitais rue de Richelieu il était inutile de chercher à arriver. Je vins prévenir de ce qui s'était passé et en même temps j'étais mis à la réserve jusqu'au départ d'un autre train régulier, et je fus inscrit pour 3 francs d'amende.

Changement de décor

J'étais le conducteur le plus heureux avec mon chef Grandon ; dans les postes, nous prenions notre repas ensemble, ou, dans certaines gares, nous allions au buffet ; nous n'aurions pas pris un verre l'un sans l'autre : c'étaient un bon père de famille et un bon fils.

Il advint que le conducteur Charlot, embrigadé avec le conducteur-chef Leclerc, ne purent plus se supporter l'un l'autre. Je n'en sais pas les motifs qui pourtant devaient êtres graves, puisque Charlot demanda à être remis à l'équipe plutôt que de marcher avec Leclerc.

Sa demande fut exaucée et ce fut moi qui fis ce triste héritage. Il faut croire que Leclerc était connu de tous les conducteurs, puisque je fus averti par mes collègues que c'était le plus original des conducteurs-chefs, que je n'avais qu'à bien me tenir, et, certes, ils avaient raison de m'en faire part. D'après ce que j'avais appris j'aurais dû refuser de remplacer Charlot, mais je ne savais pas refuser : je ne savais qu'obéir. Nous verrons un peu plus loin quel modèle était ce fameux conducteur-chef Leclerc. Les premiers temps que je marchais avec lui tout alla bien, mais sans aucune familiarité. Je trouvais un changement d'avec mon chef précédent avec qui je partageais le contenu de mon panier, de même qu'il partageait avec moi jusqu'au vin et au café; lorsque nous voulions boire un verre de bon marc nous savions où en prendre ; et nous passions nos loisirs à parler de la famille, de la politique dont nous avions horreur, ou du chemin de fer.

Voici qu'un jour, ayant accompagné un train de marchandises de Bercy à Montargis, nous avions pris notre repas au poste. Leclerc d'un côté de la table et moi à l'extrémité. Étant sortis l'un après l'autre sans aucun rendez-vous, nous nous rencontrâmes au café où se réunissaient d'habitude les employés des trains. Dans la même salle, un ami, c'est-à-dire un collègue de Leclerc lui dit :

— Si nous faisions une partie de piquet.

— Oui, répondit Leclerc, mais il faudrait être trois.

— Et ton compagnon, lui dit ce brave. Allons, Martin, faisons une partie.

— Je le veux bien, répliqua Leclerc, à trois c'est plus amusant.

Nous voilà installés et la partie commença. Le premier qui arriverait à 150 points se retirait et les deux derniers allaient jusqu'à 221, jouant la moitié de nos consommations.

Le collègue à Leclerc s'étant retiré nous finissions la partie jusqu'à 221, mais en même temps je m'aperçus que Leclerc ne jouait pas franchement. Sans autre explication je lui dis :

— Monsieur Leclerc, il faut me gagner et non me tromper.

Leclerc, furieux, se leva en jetant ses cartes sur la table et sortit du café me laissant avec son collègue. Je vis dès lors ce qu'était l'homme, et, à partir de ce jour, l'on ne se causa plus que pour le service. J'aurais dû demander à changer de service afin de marcher avec un autre chef, mais pour cela il fallait avoir peu de force de caractère. Je mis de la fermeté à supporter ma position et cette triste existence dura jusqu'au jour où il partit retraité.

Le 18 février 1885 nous étions à Villeneuve-Triage accompagnant le train 3802 venant de Montargis ; comme il y avait deux heures d'arrêt, Leclerc était allé au bureau de la statistique et moi j'étais tout près dans le poste des hommes d'équipe ; après ce long arrêt, le train étant formé, je regardai ma montre pour voir si j'avais le temps d'aller aux water-closets.

J'avais plus de temps qu'il ne m'en fallait, mais il y eut un épisode imprévu : ma montre était arrêtée, et lorsque j'eus fini, que vis-je : le train, très court, qui partait sans conducteur en queue.

Je courus afin d'essayer de saisir la main-courante et de monter à mon frein, mais mon effort fut inutile d'autant qu'ayant peu de wagons le train gagna de vitesse aussitôt son départ.

Le sous-chef de gare, prévenu, passa une dépêche à

Maisons-Alfort afin que je fusse remplacé. Les suites furent 3 francs d'amende pour moi et 5 pour Leclerc. Ce fut le comble, et comme il ne pouvait me voir que d'un air farouche, le vase de rancune déborda, le froid se tourna en glace, les paroles que j'échangeai avec lui n'étaient que pour la forme et pour les besoins du service. Bonjour, bonsoir, et j'obéissais de mon mieux sachant que je n'avais qu'à bien me tenir.

Lorsque je fus appelé pour l'examen oral annuel, je fis part à M. Ithier, inspecteur des trains, de ce qui se passait entre moi et mon chef Leclerc pour le service. M. Ithier me répondit que puisqu'il en était ainsi il me changerait. Ma réponse fut un peu fière ; je déclarai à M. l'inspecteur qu'il pouvait me laisser marcher avec ce conducteur, mais qu'il m'était impossible de chercher à être familier avec un tel chef : « C'est un ours, dis-je. » Mes collègues éclatèrent de rire et M. Ithier en fit autant. Il faut croire qu'il le connaissait aussi, sans cela il m'aurait sévèrement admonesté. Mais au lieu de répondre à M. Ithier d'une façon cavalière, j'aurais dû le prier de me changer de chef aussitôt et sans doute qu'il l'aurait fait.

Ensuite, il faut croire que Leclerc, chaque fois qu'il en avait l'occasion, devait me recommander à M. Mouroux, chef de train principal, d'une façon singulière et qui ne devait laisser aucun doute sur sa mauvaise foi, mais M. Mouroux se fit son complice volontairement. En voici presque la preuve. Je dis presque par modestie.

Le 29 août 1885, nous devions accompagner le train 585 qui partait de Montargis à 8 heures du matin pour arriver à Paris à 12 h. 10.

Pour nous rendre du poste à la gare qui était éloignée nous fûmes mouillés sérieusement, tellement la pluie tombait à torrents, et cela dura jusqu'à Paris. Leclerc était dans son fourgon de tête pendant que moi, dans toutes les gares, j'assurais le service des voyageurs.

Vers midi, à environ 200 mètres avant d'arriver à Maisons-Alfort, le train circulant sur voie 2 *bis*, un autre train nous croisa passant sur voie 1 *bis*.

Dans le fourgon de tête se trouvait M. Mouroux qui sans doute venait de faire un copieux repas et ne pouvait qu'être disposé à faire du zèle, mais moi qui étais mouillé jusqu'aux os il ne m'était guère possible de faire le fringant.

Afin que ma flanelle ne me touche pas l'épine dorsale, j'avais le coude appuyé sur la paroi de la vigie du fourgon, la tête penchée sur ma main droite. A Maisons je descendis pour faire le service du train sans me douter de ce qui s'était passé, ayant fait, malgré le mauvais temps, un service parfait dans toutes les gares. Donc, il me tardait d'arriver et de rentrer chez moi pour me mettre du linge sec sur le dos.

Quelques jours après je reçus une note signée Deschamps : j'étais puni de 3 francs d'amende pour avoir été vu endormi à 200 mètres de Maisons-Alfort par M. Mouroux. Ce ne fut pas une surprise, mais une révolution qui me bouleversa d'étrange façon. Je ne pouvais en croire mes yeux.

Je répondis en expliquant le cas et en priant de vouloir bien demander à mon chef Leclerc si, oui ou non, j'étais descendu aussitôt arrivé à Maisons ; M. Mouroux, disais-je, avait fait erreur : j'étais moins bien disposé à dormir que lui, puisqu'il était sec et moi trempé jusqu'aux os.

La note me fut retournée, mais on y avait ajouté à l'encre rouge... « Sur la nouvelle confirmation de M. Mouroux, votre chef de train principal, je maintiens la punition. L'inspecteur principal : Deschamps.»

Si M. Mouroux, avant de me signaler, s'était informé de l'état où je me trouvais, il aurait été renseigné tout de suite ; il aurait appris que j'étais presque à jeun et que mes vêtements, imbibés d'eau, ne m'avaient pas empêché de faire un service irréprochable.

Cette couleuvre fut dure à avaler, mais la digestion fut tellement difficile qu'il en resta un souvenir.

Comme je tiens absolument à ce que mes mémoires soient véridiques et que je les écris sans arrière-pensée, il faut que tout ce que je rapporte soit indiscutable : des faits précis et des dates. Si donc, pour ce dernier cas, l'on veut se rendre compte du temps qu'il fit ce jour-là, il n'y a rien de si facile.

Ce fait prouve sans conteste que Leclerc et Mouroux n'en faisaient qu'un pour ma perte.

Ils voulaient que je sois enlevé du service des

trains, mais, ne le pouvant par la vérité, ils usaient de ruse et de mensonge. J'avais été au mieux avec M. Ithier, mais j'eus vite perdu sa confiance et loin de faire de moi un conducteur-chef, avec de telles recommandations, de très actif que j'étais, j'en vins à passer auprès de M. Ithier et de Deschamps pour un dormeur et un nonchalant. Enfin, il fallait boire jusqu'à la lie cette espèce de ciguë morale.

Incident de Boigneville a Malesherbes

Une fois, j'accompagnais un train de marchandises jusqu'à Montargis. Au passage sans arrêt à Boigneville, la machine de renfort devait s'approcher du frein de queue et aider à remorquer le train jusqu'à Malesherbes. Mais que fit le mécanicien ce jour-là ? En sortant de la voie de garage, au lieu d'avancer lentement, il se jeta à fond de train sur la queue et je n'eus que le temps de me cramponner dans ma vigie afin de ne pas tomber. Le choc fut si violent que le wagon fut soulevé comme une plume : ce fut même un miracle que ce wagon retombât sur les rails. La commotion avait été si rude que jusqu'à Malesherbes j'eus toutes les peines du monde à reprendre respiration, croyant avoir reçu un coup mortel.

Arrivé en haut de la rampe, la machine se dirigea vers le dépôt, et j'eus du mal à descendre de ma vigie pour aller faire part à mon chef Leclerc et au sous-chef de gare de ce qui venait de m'arriver. « Pouvez-vous continuer, me dit Leclerc, sinon je vous fais remplacer. »

Le stationnement étant fini, je répondis que j'allais essayer de continuer, mais que, au cas où je serais obligé de m'arrêter, je le priais de signaler le fait sur son journal de train.

Le signalement n'eut pas de suite, car je ne m'arrêtai pas, mais je souffris d'un point de côté pendant près de deux mois. Heureusement que Leclerc ne pouvait pas dire qu'il y avait eu de ma faute.

Voici le coup de Jarnac

Le 30 novembre 1885, nous étions à Melun accompagnant le train 3051 allant vers Montargis et composé de 14 wagons. Il y avait dix minutes d'arrêt et nous étions cinq minutes en avance. Si j'avais été bien avec Leclerc, je me serais dépêché de descendre de ma vigie, de faire le tour du train et de faire la causette avec lui en attendant le départ. Mais rien, nous étions comme deux sauvages. Leclerc, qui me guettait sans doute, aussitôt le train arrêté, vint au galop en queue et me dit : « Ah! c'est comme ça que vous faites le tour du train. C'est bon, ça va bien. »

Je lui répondis aussitôt : « Vous n'aurez peut-être pas le courage de me signaler comme endormi. »

Sa réponse fut : « Ça va bien ! » et au galop il se dirigea vers son fourgon.

J'étais descendu pour faire le tour des 14 wagons, il fallait moins de deux minutes pour aller en tête et retourner en queue, et si j'avais voulu, j'avais le temps de faire dix fois le tour dans un quart d'heure.

Le plus curieux, c'est que la queue était complètement en gare en face les cabinets d'aisance et en arrivant j'avais vu le facteur qui était de service en sortir. Ce facteur de 2e classe fit partir le train, mais Leclerc ne perdit pas de temps et me signala comme ayant été trouvé endormi dans ma vigie à l'arrivée à Melun.

Quoique ce chef fût assermenté, puisqu'il voulait assouvir sa vengeance, il aurait dû au moins, « mon frein se trouvant près du bâtiment de la gare », sans me prévenir, inviter le facteur de service à venir constater avec lui si je dormais ou non ; et si je n'avais pas répondu, c'est que réellement j'aurais été endormi. Il aurait pu alors me signaler comme tel et demander ma révocation immédiate ; mais il se garda bien d'agir ainsi, ce qui prouve que le serment n'a de valeur que chez un homme de bonne foi. Mais c'est une arme terrible pour celui qui est de mauvaise foi. Celui qui est assermenté, en soutenant un mensonge est écouté. Celui qui ne l'est pas, en disant la vérité est considéré comme un malfaiteur.

Son rapport mensonger me fit gratifier de 15 francs d'amende. Je ne pouvais pas en revenir : mais Leclerc fut écouté et jamais de sa vie il n'avait été si heureux.

Je n'étais pas au bout de mes peines et je devais m'attendre à bien d'autres tracasseries.

Le dernier voyage que nous fîmes ensemble, il prenait sa retraite et ne devait plus revenir.

Nous étions à Bercy et le train se trouvait garé en arrivant. L'employé de la statistique avait pris les écritures du train et Leclerc fila sur la route de Paris. Je le suivais à peu de distance. A chaque instant il se retournait afin de voir si je ne m'approchais pas trop de lui, croyant bien que je désirais lui dire un dernier adieu en lui appliquant ma main sur la figure.

Mais il pouvait être tranquille de ce côté, car il me l'aurait fait payer cher. Je me suis toujours demandé comment j'avais pu faire pour marcher avec lui jusqu'à son départ.

Combien de fois l'avais-je vu dans un état à ne pas pouvoir faire son journal: il le faisait faire, à l'arrivée, et moi qui étais plus sobre et plus actif que lui je devais en souffrir.

Inutile de dire que s'il m'avait vu en état d'ébriété il se serait fait un devoir de me faire remplacer immédiatement; mais cette satisfaction ne lui fut pas accordée.

Je puis dire que j'ai souffert cruellement avec un tel être !

Débarrassé de mon bourreau, je fus embrigadé avec le conducteur-chef Bussière dans le même service. Le bonheur était revenu, j'étais heureux avec ce brave homme et cela me rappelait l'époque où je marchais avec Grandon ; et souvent, lorsqu'il y avait un bagagiste il l'envoyait en queue et je restais avec lui pour faire son journal. « Je veux que vous appreniez à me remplacer au besoin, disait-il; ce n'est pas difficile, il n'y a qu'à vouloir. » Je croyais que c'était une montagne que de faire un journal de train ; je vis que c'était peu de chose, et même les heures et les retards ce n'est pas le diable à faire ; il s'agit de s'y mettre, après qu'on nous a eu montré une bonne fois. Dans les gares où l'arrêt était long, ce gros bonhomme était heureux d'appeler : « Martin, allons boire le vin blanc. »

Arrivés à destination, une fois au poste, nous partagions notre repas comme deux frères, et après, nous allions faire la partie ; ensuite on allait se coucher pour repartir le lendemain. Voilà comment on trouve la vie douce et le service n'en souffre pas, au contraire ; c'est la vraie vie de famille.

Au changement de service, ce ne fut plus avec Bussière que je fus embrigadé, mais avec un compatriote qu'on avait retiré des express et qui se nommait Coulon. J'étais aussi heureux qu'avec Bussière et au poste c'était Martin qui était chargé de faire la cuisine. Combien ce brave homme était content, surtout lorsque nous étions à Montargis et que j'avais préparé une douzaine d'alouettes. Il ne pouvait s'empêcher de me dire : « Mais vous êtes un cordon bleu, on voit bien que vous couchez avec une cuisinière. »

Cela ne devait pas durer bien longtemps et j'eus la douleur d'apprendre par lui-même que c'était le dernier voyage que nous faisions ensemble.

De plus, il savait que j'étais enlevé des trains et envoyé en disgrâce à Villeneuve-Triage, comme stationnaire-tyer aux mêmes appointements, en date du 1er mai 1886.

Ayant appris cette nouvelle officiellement, j'allai à l'inspection principale afin de voir M. Deschamps, pour m'expliquer sur la peine dont j'étais frappé et, certes, je n'avais pas l'air d'en être bien content. Mais M. Deschamps coupa court à tout et dit : « Il n'y a rien à faire, vous n'avez qu'à vous rendre à Villeneuve-Triage afin de prendre votre nouveau service le 1er mai. » Je le suppliai de me donner une carte de circulation : ce fut inutilement. « Je ne vous envoie pas à Triage pour vous donner une carte, vous n'avez qu'à déménager et on vous donnera un bon de transport pour votre mobilier. »

Voyant que je perdais mon temps, je lui dis : « J'ai neuf jours de congé à prendre, voulez-vous bien me les accorder. — Prenez-les, dit-il. » Et sur ces dernières paroles, je me retirai.

Rentré chez moi, je fis part à ma femme du résultat peu satisfaisant de ma visite.

Elle ne me donna aucun conseil et se contenta de dire : « Que veux-tu, nous n'avons pas de chance. » Quelques jours plus tard, je voyais un brave monsieur, auquel je fis part de ma fausse situation, lui disant même que je trouverais facilement à me placer et que j'avais l'intention de démissionner. Ce monsieur qui était un ancien sous-directeur de chemin de fer me fixa étrangement et me dit : « Comment! vous voulez démissionner?... il ne faut pas, gardez-vous-en bien. Vous êtes désigné pour aller à Triage : allez-y ; moi, ajouta-t-il, en mettant la main sur sa poitrine, j'ai 300 ingénieurs ou jeunes gens qui sortent des grandes écoles qui seraient heureux d'entrer dans une administration quelconque à 1.800 francs. Et vous voudriez, n'étant qu'un zéro (ou considéré comme tel), jeter votre pain bis sans savoir si vous en trouverez de meilleur ? Allez-y, encore une fois ; et nous vous ferons revenir à Paris. »

Ce qui m'inspira confiance en ce brave homme, c'est que, au lieu de chercher à m'éviter, lorsque je m'étais annoncé, il m'avait reçu tout de suite : il sortait de son bain, et il portait encore son vêtement de flanelle rouge sang. Je compris qu'il n'y avait qu'à obéir, à prendre son conseil en considération et à le suivre.

Après mon congé expiré je dus me résoudre à me rendre à Triage, où je me mis à la disposition du chef de gare M. Loubaresse. Cet homme aussi froid que juste me conduisit à mon nouveau poste et par bonheur je fus avec un aiguilleur avec lequel je n'eus aucune déception ; j'avais trouvé encore un ami et on s'entendait à merveille.

Quelque temps après ce brave me dit : « Martin,

vous n'étiez pas venu ici pour vous en retourner, ce devait être moralement votre tombe ; celui qui m'en a fait part n'est pas un imbécile. — Qui diable, a pu si bien vous renseigner, lui dis-je? — C'est M. Loubaresse, répondit-il. » Il faut croire que le monsieur à la flanelle rouge avait fait une démarche utile et que mon chef de gare en avait eu connaissance.

« Croyez-vous, dis-je à cet aiguilleur, que ma situation est enviable? — Je le comprends, me répondit-il. — Voyez, j'ai les frais d'un logement à Paris (car en aucun cas je n'aurais voulu déménager) et je suis obligé d'avoir une chambre garnie ici, de prendre mes repas au restaurant, et si je vais à Paris chaque jour ou chaque quarante-huit heures, un billet aller et retour me coûte un franc. — Enfin, dit-il, vous n'avez pas de chance, mais si votre femme travaille ce n'est qu'un demi-malheur ; si elle ne faisait rien vous ne seriez pas à la fête. »

Le 12 août 1886, j'eus une amende de 1 franc pour ne pas avoir mis de l'eau dans les bocaux à piles, mais cela ne me gênait en rien et je dus prendre patience jusqu'au 1er décembre 1886 où je reçus l'ordre de retourner à Paris, y étant nommé concierge ; ma disgrâce avait donc duré sept mois. Arrivé à Paris, pendant un mois je restai au service du contrôle en attendant une place qui devait être vacante le 1er janvier 1887. Je fus concierge pendant dix-neuf mois. Mais quel service à engraisser, si j'avais été bien nourri Que de pipes à culotter, dans ce poste, près du buffe.

et près de l'entrée de la poste ; et le matin quelques bons verres à vider chez M. Bompy le buffetier. Enfin, j'avais la confiance des postiers et surtout du directeur.

Si j'avais été un dormeur, un engourdi, comme voulaient le faire croire Leclerc et Mouroux, M. Deschamps avait réussi à me trouver un bon emploi, mais avec mon tempérament, il ne me fallait pas tant de douceurs, c'était trop facile de ne rien faire ; je ne pouvais employer mon activité dans cet emploi trop sédentaire, qu'en lisant un volume par jour.

Après six mois de ce service d'impotent — puisque M. Deschamps voulait que je le devienne — je sentais mes membres s'engourdir et ne voulant pas devenir infirme avant l'âge, je fis une demande pour passer à un service actif comme préposé à la manutention.

En recevant ma demande, M. Regnoul me dit : « Vous êtes donc fatigué de ne rien faire! — En effet, lui répondis-je, et c'est pour cela que je désire changer de service. »

Ma demande fut prise en considération et au commencement du mois de novembre, M. Regnoul vint me trouver à mon poste et me dit : « Un tel vous remplace, venez avec moi ». Je le suivis : c'était pour aller à la messagerie départ. En arrivant, il fit appeler M. Ménard, le chef de manutention, et lui dit : « Martin a demandé un service actif et j'espère qu'ici il pourra donner libre cours à son activité, s'il veut se remuer il sera à son affaire. Je vous le confie, faites-le travailler, et au bout de quelque temps vous me direz s'il fait l'affaire, oui ou non. »

Il y avait quelque mois que j'étais sur le quai, lorsque M. Regnoul y vint et fit appeler le chef de manutention. Aussitôt qu'il fut en sa présence, il lui dit : «Que dites-vous de Martin, fait-il votre affaire ? — Martin, répondit le brave Ménard, mais c'est un employé des plus actifs et il serait à désirer que tous soient comme lui. — Ça va très bien, répondit le père Regnoul, c'est tout ce que je voulais savoir, il sera nommé préposé ». J'avais été puni d'une amende de 1 franc pour avoir envoyé un panier marée à Tannay au lieu de Flez-Cuzy-Tannay, au commencement du mois de janvier, mais cela n'était pas bien grave d'autant que pour ceux qui travaillaient sur le quai depuis longtemps et même les plus débrouillards, il était rare de ne pas payer 50 centimes ou 1 franc d'amende par mois, et quelquefois 2 francs. Mais il y avait des pourboires à gagner et cela compensait.

Le 25 mai 1888, je devais payer cher mon activité. J'eus la mauvaise chance d'avoir en main une expédition pour Cette, qui n'était pas ordinaire. C'était celle d'un éléphant savant que son maître avait déjà placé dans un wagon avec son matériel, qu'il fallut faire sortir et emmener à la messagerie départ pour en faire une expédition en messagerie. Seul, l'éléphant devait occuper le wagon.

Cette manutention demanda du temps et il fallait que tout fût prêt pour partir à 10 heures du soir.

En effet, tout fut prêt à l'heure, mais j'avais manutentionné de nombreux et encombrants colis du poids de 763 kilos. J'étais en nage et lorsque ce fut fini, M. Ménard me dit : « Martin, nous sommes en retard pour le train 59, donnez un coup de main pour charger les colis qui sont sous la marquise. » Je n'y restai pas longtemps, mais le vent violent me glaça le sang. J'eus du mal à finir ma journée et bien plus à me rendre rue François-Miron où j'habitais. En arrivant, au lieu de me mettre à table, je me mis au lit, souffrant beaucoup. Le matin de bonne heure, comme je respirais avec beaucoup de difficulté sans pouvoir me remuer, ma femme, qui avait été mise au courant de ce qui m'était arrivé, courut à la gare pour prévenir mon chef qui, aussitôt, envoya un homme prévenir le chef ou sous-chef de gare afin que celui-ci invite le médecin à se rendre d'urgence à mon domicile. C'est ce qu'il fit, mais le lendemain. Ce bon Dr Gouin s'y connaissait ; mais, pour moi, il ne comprit rien à ce que j'avais. Après m'avoir ausculté, il dit : « Ce ne sera rien, ce n'est qu'une courbature », et il partit.

Quelques heures après son départ, me trouvant plus mal, d'autant que je n'avais plus ma respiration, ma femme se rendit chez le docteur le plus proche et le pria de venir me voir aussitôt que possible. Une heure ne s'était pas écoulée que le brave Dr Mérijot vint, et après m'avoir ausculté, il dit : « Vous avez une drôle de courbature ! vous avez deux ou trois litres d'eau dans votre côté gauche. C'est une pleurésie à laquelle il faut des soins immédiats et énergiques. » Ce brave docteur me soigna de son mieux, mais je restai cloué au lit vingt-cinq jours qui me durèrent un siècle. Avec l'aide de ma femme je pus enfin me lever et j'eus beaucoup de mal pour m'habiller, lorsque l'idée me vint de monter ma montre, arrêtée depuis longtemps. Mais la clef m'échappa et je voulus me baisser pour la ramasser, et en me relevant je sentis quelque chose de chaud se détacher de mon estomac et, en même temps, de vomir mon sang à pleine bouche. Ma femme affolée courut chez le docteur qui ne tarda pas à arriver, et des médicaments énergiques me furent donnés ; mais après cinq jours ce fut à recommencer. Nouvelle visite du docteur, et pendant sept jours je ne vis plus rouge. La troisième hémorragie fut la plus cruelle. Quand le docteur arriva je pleurais à chaudes larmes et il se retira dans la cuisine pour dire à ma femme : « Madame Martin, votre mari se frappe, mais je vais le soigner énergiquement, il faut que je le guérisse ou qu'il meure. »

Il y avait de quoi me frapper, ayant vomi tout mon sang ; c'est-à-dire que j'étais vidé à blanc.

Par les soins de ce brave docteur je pus me rétablir et aussitôt que j'eus la force de supporter le voyage je partis en convalescence dans la forêt de Tronçais.

Pendant trente jours je reçus les soins que nécessitait mon état délabré. J'allais à la pêche ou dans le bois chercher des champignons. Je bus un hecto de lait et un baril de vin vieux ; œufs frais, volaille, poissons, tout était englouti comme par enchantement et au retour ce n'était plus un spectre, mais un homme qui avait envie de vivre encore longtemps.

Arrivé à Paris le 12 août 1888, le 13 je repris mon service après quatre-vingts jours d'absence, et pendant ce temps j'avais été nommé préposé à la manutention en date du 1er juillet, mais au lieu de travailler à la messagerie départ je passai à l'arrivée où je devais attendre ma retraite.

Cette pleurésie me coûta 1.500 francs et si ma compagne n'avait pas eu de quoi me soigner par la suite, je n'aurais pas échappé à une mort lente, mais certaine.

Pendant deux années je dus éviter toute fatigue, car mes forces n'étaient plus les mêmes, et lorsque je voyais les autres joyeux, très souvent j'avais envie de pleurer.

Le 6 janvier 1889, une amende de 1 franc me fut infligée pour avoir signalé un colis en moins sans reproduire la marque ; le 9 février suivant, 1 franc pour avoir reconnu un P. O. zoné sans les bonnes écritures.

Jusqu'à l'année 1890 je faisais de mon mieux, mais mes forces ne revenaient pas vite et je désespérais de pouvoir retrouver jamais ma santé d'autrefois.

Voyant que je serais peut-être obligé de démissionner par suite du mauvais état de ma santé ébranlée sérieusement, au mois d'avril nous eûmes la funeste idée d'aller nous établir à Clichy.

Cependant, cette vie active chez moi et à la gare me fut favorable et mes forces revinrent insensiblement.

Le 1ᵉʳ janvier 1891 je fus nommé à 1.650 francs. Il y avait sept ans et cinq mois que j'étais à 1.500, et il me tardait d'être augmenté, mais peu s'en était fallu que je ne le fusse pas. Voici pourquoi : j'étais de service le dimanche, à 5 heures du matin, et ce service me forçait d'avoir une chambre garnie près de la gare pour venir y coucher la semaine où j'avais cet embarras ; bref, passons là-dessus, déjeuner de 9 h.30 à 11 h. 30 et à 5 heures ma journée était finie, à moins qu'on prenne le service de nuit, ce qui était le cas ce dimanche-là.

A 4 heures, mon chef me dit : « Martin, allez manger et vous viendrez à 6 heures pour assurer le service. » Je répondis à mon chef qui n'était autre qu'un compatriote, M. Salé : « Comment voulez-vous que j'aille manger et que je revienne à 6 heures : c'est plutôt à un de ceux qui sont de 6 heures du matin à y aller qu'à moi, ou tout ou moins je partirai demain matin à 6 heures. — Non, dit-il ; vous partirez comme les autres à 8 heures. »

En face d'une telle prétention je répondis à M. Salé : « Vous êtes un chef injuste et vous y mettez de la mauvaise volonté, de l'animosité même ; je suis de service depuis 5 heures du matin et vous voulez me faire travailler jusqu'à 8 heures demain matin? Cela ne s'est jamais vu, par exemple; il faut que ça vienne d'un chef sans expérience qui, n'étant pas à la hauteur de sa tâche, se croit un personnage, alors qu'il est incapable de faire un bon brigadier. »

La figure rouge sang il dit : « Il faut obéir, ou je vous signalerai. »

« En ce cas, lui dis-je, vous me signalerez. Je dois m'en aller à 5 heures pour revenir à 10, jusqu'au lendemain à 8 heures, et si vous êtes raisonnable c'est suffisant. — Nous verrons », dit-il.

Je suivis le roulement tel qu'il l'avait établi lui-même, et le surlendemain, M. Maquet, son protecteur et chef de gare adjoint, me fit appeler dans son bureau.

Inutile d'écrire le compliment que je reçus, mais quelques paroles suffisent. « Vous n'êtes qu'une brebis galeuse. » C'était déjà quelque chose, et pour finir il me dit : « Vous avez de la chance que votre augmentation soit sortie, sans cela vous ne l'auriez pas eue. Je me serais dérangé pour aller à l'inspection et à l'exploitation au besoin pour vous empêcher de l'obtenir. »

A de telles paroles que devais-je répondre? Devais-je répondre par des remerciements ou des insultes? Ce n'est pas à moi de le juger.

Le 6 juillet 1891, j'eus une amende de 1 franc pour n'avoir pas fait emballer un colis de chaussures, et il avait été reconnu en bon état; mais après la reconnaissance, ou à la distribution dans les zones il avait été abîmé, ce qui n'était pas difficile vu son emballage en papier, et à la livraison il en manquait une paire. Enfin, c'étaient des taquineries sans fin.

Le 18 septembre suivant, 1 franc d'amende pour avoir reconnu la rue Leconte pour la rue Comte, et c'était mon aide qui avait fait erreur.

Le 8 avril 1892, 1 franc d'amende pour avoir reconnu un colis pour Révillon frères, rue de Rivoli, à tort, et c'était l'homme d'équipe qui m'aidait qui m'avait appelé Révillon, mais c'était un destinataire d'une autre rue.

Il s'était trompé et Martin payait.

Bref, la générosité de ce bon compatriote se faisait sentir de plus en plus, et s'il n'avait pas été de l'Ardèche, il lui aurait été impossible d'être plus niais et plus insuffisant.

C'était réjouissant et écœurant à la fois.

Le 13 juin 1892, 1 franc d'amende pour avoir dissimulé que l'homme d'équipe Presle avait cassé un échantillon vin. Ce brave, à cette époque, m'aidait à faire la reconnaissance et le colis lui ayant échappé des mains, un flacon de 25 centilitres fut brisé.

Avait-il de l'estime pour moi, cet Ardéchois ?

C'est aux lecteurs de le deviner.

Le 25 novembre 1892, 1 franc d'amende pour n'avoir pas prévenu le sous-chef de gare à temps au sujet d'un wagon-écurie venant de Vienne et allant à Saint-Cyr.

Si j'avais eu des ailes j'aurais pu aller plus rapidement, mais à pied je ne pouvais que marcher vite ou
courir; cependant, si un besoin urgent se fait sentir,
que faut-il faire ? Ce serait à souhaiter d'avoir le
droit d'aller se soulager dans leur bureau et d'éviter
une amende.

J'oubliais 1 franc d'amende infligé pour avoir mis
un colis douane au bureau restant. C'était le comble,
puisqu'il fallait que je m'en débarrasse, ou que je l'em-
porte chez moi en allant déjeuner.

Je dois sacrifier quelques lignes à ce qui m'arriva le
6 janvier 1893, ce qui prouve que je n'avais pas fini
d'en voir.

Après avoir passé la nuit en service à la gare de
Lyon, à 8 heures du matin, je rentrais chez moi tout
heureux, même en chantonnant. La personne que
nous avions à notre service en me voyant joyeux ne
pouvait pas se mettre à pleurer, et en riant, elle dit :
« Le patron est bien gai ce matin ; il vaut mieux voir
quelqu'un content que bourru. »

La patronne, sans être gaie, ne me parut pas souf-
frante, cependant c'était la dernière fois que je l'embrassais bien portante. A 9 heures un malaise subit la
prit et à 9 h. 30 elle fut obligée de se mettre au lit ;
elle devait hélas ne sortir que morte de sa chambre.

Rien de plus pressé que d'aller chercher un médecin qui diagnostiqua une péritonite. Tous ses soins
furent inutiles ; à 4 h. 30, le lendemain 7 janvier, elle
expirait. Je restais seul ! je ne m'attendais pas à ce coup

de foudre, auquel j'étais pourtant bien forcé de me résigner. Je regrettai d'avoir conservé la maison et mon emploi. Mais je craignais la solitude et quand on est dans le malheur c'est à celui qui cherche à vous donner le coup de grâce.

Il y avait dix mois que je n'avais pas vu certains amis que nous avions l'habitude de voir, lorsqu'un jour, pour me distraire un peu, j'allai leur faire visite aux Batignolles. Me voyant avec ma grande barbe à peine s'ils me reconnurent. Après un moment de conversation, où je leur racontai que je n'étais pas heureux, l'ami me dit : « Puisque vous êtes volé comme dans un bois de toutes les façons, il faut les secouer tous et faire maison nette ; ou bien il fallait vendre après la mort de votre femme. — Oui, lui dis-je, et j'ai eu une bonne occasion, mais ayant demandé un trop gros prix, il y avait un écart de mille francs entre ma demande et l'offre qu'on me faisait. L'acquéreur aurait payé comptant, mais il ne revint pas, et depuis, la concierge, ma bonne, et ma belle-sœur, ont juré de faire vendre mes meubles dans la rue. — C'est grave, répondirent les amis, néanmoins, il faut y mettre ordre et le plus vite possible. »

Alors le mari en regardant sa femme lui dit : « Nous devrions faire connaître Mlle P. M. à M. Martin, elle ferait bien son affaire. — En effet, lui répondit sa femme. » Son mari dit aussitôt : « Venez demain soir de 8 à 9 heures, je vais écrire à cette demoiselle de venir. »

Nous fûmes exacts au rendez-vous et deux mois après elle avait changé de nom, et moi j'avais fait maison nette.

Le bonheur était revenu, mais une nouvelle tuile devait me tomber sur la tête : je la reçus le 18 mai 1894, mais ce ne devait pas être la dernière.

Ce cas mérite d'être raconté tel qu'il m'est arrivé sans restriction ni animosité aucune.

C'est un incident unique en son genre, on n'en voit de pareils qu'au théâtre : *le Triumvirat* qui fait suite aux *Mémoires* ne sera pas muet sur ce point, et montrera à ceux qui sont presque aveugles, combien est dédaigneux pour le faible, pour le simple, pour l'humble, celui qui a un peu d'autorité et l'esprit féroce : celui qui ne connaît que la brutalité et le mensonge.

COUP DE BEL-AIR

Le 18 mai 1894, j'étais de service à la gare de Lyon de 10 heures du matin à 10 heures du soir. A 6 heures il y avait vente à la Messagerie et j'achetai un panier de haricots verts ; j'avais donc deux paniers à porter en m'en allant puisque j'avais l'habitude de prendre mon repas à la gare afin de ne pas avoir à m'absenter. Ma journée finie, à 10 heures, je partis avec mes deux colis loin de prévoir ce qui allait m'arriver. A 10 h. 30 j'étais à la gare de Bel-Air ceinture. Voilà qu'en traversant la salle d'attente, comme je me trouvais en face de l'endroit où l'on enregistre les bagages, brusquement la porte du bureau s'ouvrit : je vis venir vers moi le facteur-chef qui était provisoirement chef de service, remplaçant le chef de gare.

Comme quelqu'un qui a été dérangé, et ayant la figure congestionnée, il m'aborda brutalement en disant : « Faites-moi voir votre carte. » Il faut croire qu'il savait que j'en avais une, mais jamais je n'avais eu occasion de lui parler, et par hasard je me trouvais seul avec lui dans la salle à ce moment-là.

Je fus donc très surpris de cette brusque demande, alors surtout qu'il pouvait me voir matin et soir, et n'ayant jamais eu aucune altercation avec les employés avec lesquels j'étais familier.

Je lui répondis sans arrogance : « Vous pourriez me demander ma carte plus poliment, et d'habitude je la présente au passage qui conduit au quai. » A ce moment comme je l'ai dit, il n'y avait personne que nous dans la salle

« Je veux voir votre carte, me dit-il avec encore plus de brutalité... » J'eus la faiblesse de la lui remettre tandis que je pouvais la lui montrer sans la lui donner, ce qui eût été prudent dans l'état de surex-citation où je le voyais.

Aussitôt qu'il l'eut, et même sans la regarder, il se mit à grimper l'escalier (escargot) qui conduisait dans son bureau. En même temps j'aperçus un ouvrier qui entrait dans la salle.

Voyant qu'il se dérobait je le suivis et le saisis par le pan de son uniforme en lui disant : « Je vous fais remarquer que vous me volez ma carte. » Pas de réponse : arrivés en haut je le priai de nouveau de me remettre ma carte, mais il me répondit : « Vous m'avez traité de voleur en me crachant à la figure, et votre carte, vous ne l'aurez plus. »

Mais j'insistai de plus en plus afin que ma carte me fût rendue et devant les voyageurs qui attendaient le train il s'écria de nouveau : « Vous m'avez traité de voleur et craché au visage et je vais vous amener au commissaire à la Bastille. — Tout de suite, lui dis-je, allons-y. »

Il fit partir le train et nous descendîmes les escaliers pour suivre les voies jusqu'à la Bastille.

Mais arrivés au bout des quais de la gare de Bel-Air Est, il eut peur sans doute d'abîmer ses chaussures et s'arrêta brusquement en disant : « Non, ce n'est pas nécessaire d'aller jusqu'à la Bastille », et il s'en retourna aussitôt.

« Ne vous en retournez pas, lui dis-je, il n'y a que le commissaire qui me donnera raison. »

Mais il faisait le sourd et je le suivais toujours.

J'aurais voulu aller chez le commissaire, car ainsi ce méchant homme n'aurait pas eu le temps d'échafauder son long rapport mensonger et ma carte m'eût été rendue ; et certes, je n'aurais pas eu l'air de cher-

cher à en imposer avec ma tenue simple, n'ayant que
o fr. 20 sur moi à cette heure tardive, c'est-à-dire pas
de quoi prendre un billet.

De retour en gare, je priai encore une fois le chef
de me remettre ma carte pour rentrer chez moi.
Devant les voyageurs, il répondit méchamment :
« Vous ne l'aurez plus et vous vous rappellerez de
moi. »

Parmi les voyageurs, se trouvait un monsieur bien
mis qui lui dit : « Monsieur, vous avez le droit de
signaler cet homme s'il le mérite, mais il faut qu'il
rentre chez lui et vous devez lui remettre sa carte, à
moins qu'il n'ait commis un délit. » Pas de réponse.
Ce monsieur et plusieurs autres, auxquels j'avais
raconté l'affaire, me dirent : « Prenez nos adresses
pour le cas où il vous arriverait des désagréments. »

Je les remerciai en disant que je croyais ne pas en
avoir besoin ; en même temps je demandai à ce
facteur-chef de me laisser prendre le train, n'ayant
que o fr. 20 en poche. Plus furieux que jamais, il dit :
« Vous ne partirez pas sans billet. »

Le monsieur bien mis était un architecte bien
connu qui habitait aux Batignolles ; il me donna
deux sous pour aller prendre un billet... et je les lui
dois encore.

Peu de temps après, je fus invité par M. Deschamps
à me rendre à Bel-Air pour assister à l'enquête de
l'inspecteur du chemin de fer de ceinture : et en un
tel cas j'aurais dû y assister accompagné d'un inspec-

teur du P.-L.-M., mais c'eût été trop beau ; on aimait mieux que je fusse seul. En effet, j'étais bien seul, et j'entendis dire à l'inspecteur que d'après le rapport du facteur-chef je l'avais traité de voleur en lui crachant au visage, et les témoins aux ordres étaient présents pour affirmer qu'ils avaient tout entendu et vu, alors que pourtant le facteur et moi étions seuls dans la salle : il n'y avait, en bas, que la receveuse qui ne sortit pas de sa recette.

Il me fut donc impossible de me défendre, j'eus beau expliquer le cas tel qu'il s'était passé en prononçant les mêmes paroles que je lui avais dites : qu'il me volait ma carte.

« Les témoins sont là, répondit l'inspecteur. Vous pouvez vous retirer. »

Je ne puis dire combien je fus estomaqué d'entendre de tels mensonges : c'est à ne pas le croire, il y avait de quoi se trouver mal.

Ensuite, je fus averti, par note signée Deschamps, que j'avais 20 francs d'amende et étais privé de ma carte : coût plus de 300 francs de voyage pendant deux ans.

Après avoir été malheureux et surmonté obstacles sur obstacles, l'homme qui a du cœur doit avoir le droit de dire lequel était le plus malheureux des trois : de moi, du facteur-chef ou du juge obligé de condamner un innocent sur des faux témoignages. Il doit y avoir des remords de conscience spéciaux pour certaines gens.

Comment pouvais-je avoir mérité cette punition alors que j'avais mangé au bureau à 4 heures, et sans être sorti de la gare. Du reste, depuis 1888, étant de service après 6 heures du soir, je ne me suis pas absenté une seule fois pour aller boire un verre avec qui que ce soit. Je rentrais donc chez moi ayant faim et soif en portant mes deux colis, et j'étais loin de penser que j'allais rencontrer un malhonnête homme.

Il fallait que ce facteur-chef agisse sous l'empire de « la chaleur communicative » ou bien il avait été admonesté dans la journée par quelque chef.

Ce qu'il y a de plus curieux c'est que j'appris, le 8 août 1906, par un ancien chef de gare de la ceinture, que la receveuse était la femme de ce facteur-chef. L'on me dit aussi que ce facteur-chef, sans cœur et sans entrailles, avait été remis facteur de 2e classe à la Glacière presqu'aussitôt m'avoir signalé. Il avait été cause d'un tamponnement qui eut lieu à la gare des marchandises près de Bel-Air, alors qu'il était chef de service. Il n'en fallut pas davantage pour deviner le mot de l'énigme et pourquoi il était sorti du bureau la rougeur sur sa figure en me demandant ma carte avec brutalité.

AUTRE CHOSE

Après ce coup de foudre de Bel-Air, à la messagerie arrivée, le service prenait une extension considérable; mais l'organisation était plus qu'imparfaite et le mal ne venait pas des petits employés : mais des organisateurs. C'était à celui qui en prendrait le plus à son aise, surtout que celui qui osait élever la voix était signalé aussitôt et une vengeance sourde suivait.

Tous les petits chefs obéissaient en aveugles; quand bien même ils auraient eu le courage de sortir des limites de leur commandement, leur voix n'aurait pas dépassé M. Delsaux, le chef de gare adjoint, et celui qui aurait eu le malheur de franchir cet obstacle, que serait-il devenu ?... M. Bombardier, le chef de manutention, avait une certaine droiture qui ne convenait pas à M. Delsaux. A tout prix, il fallait cacher les vices du service. Il fallait fermer les yeux sur tout. Qui payait les absences de mémoire de ces hommes sans volonté et indifférents, sacrifiant les intérêts de la compagnie et des clients, et de tout un service, plutôt que de changer leurs habitudes ?

La voix de l'inspection, de la gare, devait être entendue et périsse le reste : leurs amis étaient à l'abri de tout et cela suffisait. Pour mon compte, j'étais heureux tout en travaillant de mon mieux sans m'occuper des autres, et bien dans l'estime de mes deux principaux chefs, mais ce bonheur devait être de courte durée; pendant ma longue période au P.-L.-M., je ne devais jamais être tranquille bien longtemps, mon existence ne devait connaître que soucis, tracas de toute sorte, et douleurs ensuite, tandis que pour

d'autres, leur vie se passe sans accrocs, sans accident, sans qu'ils connaissent les maladies sérieuses
et tout ce qui bouleverse l'homme au point de le
conduire à deux doigts de sa perte : ce qui l'accoutume
à voir toujours l'épée de Damoclès suspendue sur sa
tête. Mais c'est dans les moments difficiles que l'on
connaît celui qui a un peu d'énergie : malgré tout,
cependant, lorsqu'on sent que le terrain va vous
manquer sous les pieds et que l'on n'aperçoit que le
vide, il y a de quoi donner à réfléchir au plus endurci,
il y a de quoi le décourager, et il doit s'estimer heureux lorsqu'il lui est permis de surmonter tous les
obstacles.

Après seize mois de mariage, je me vis de nouveau
sur le point de me trouver seul. J'étais de service de
nuit à la gare et j'avais un pressentiment que
chez moi il se passait quelque chose d'anormal. Mes
précautions étaient prises, heureusement ; et le
matin en rentrant à la maison vers les 8 heures, je
trouvai ma femme saignée à blanc avec, auprès d'elle,
un beau bébé, un garçon, qui avait la tête aussi allon-
gée que la moitié du corps.

Le brave docteur qui avait assisté au spectacle
m'invita à passer dans la salle à manger et me dit :

« M. Martin, prenez-en votre parti, mais Mme Martin
est très fatiguée, et peu s'en est fallu qu'elle me reste
dans les mains, et l'enfant aussi ; ça peut tourner du
bon côté, mais il y a du danger. »

Ce qu'il y avait de mieux, c'est que la femme qui devait venir pour l'assister ne put s'absenter de chez elle, son mari étant malade, et ma bonne, âgée de vingt-huit ans, lorsqu'elle vit ce tableau, descendit et ne voulut plus remonter pour aider au besoin. Il n'y avait donc que ma belle-sœur toute novice qui ne pouvait pas rendre les services exigés dans la circonstance. Enfin, ce brave docteur qui était tout en nage à mon arrivée avait sauvé la vie de la mère et celle de l'enfant, dont la tête devait par la suite prendre sa forme naturelle ; et si l'avenir me réserve d'heureux jours, c'est au Dr Meslier que je les devrai. Ce brave était à la maison combien de fois par jour sans qu'on aille le chercher ! Ses soins furent efficaces ainsi que ceux de son ami, un chirurgien spécialiste qui fit dix visites à la maison et certes, elles portèrent leurs fruits, car au bout d'un certain temps il y eut un mieux sensible. Ce brave chirurgien fut enlevé peu après par la tuberculose, tout jeune et plein d'avenir. Seul son souvenir reste ; quant à celui du Dr Meslier, je veux le garder ma vie durant, et le transmettre à mes enfants afin qu'ils se souviennent de leur protecteur, car c'est à lui qu'ils doivent de vivre.

Ma femme était à peine remise que je fus à mon tour sérieusement malade. Soit tracas ou fatigue et privation de repos.

A peine rétabli, ce fut à recommencer ; ma situation n'était pas avantageuse : elle était loin d'être enviable.

Enfin, je ne savais à quel saint me promettre et en
ces cas se vouer à Dieu ou à diable c'est tout comme.

Mais ce ne fut pas tout, l'année d'après, le 25 octobre 1896, voilà que survint encore un garçon, avec
presque les mêmes embarras que pour le premier.
La malheureuse mère le prévoyait et quelques jours
avant d'accoucher elle projetait d'aller à l'hospice.

Ma réponse fut brève : « Le Dr Meslier sera là pour
t'assister et moi j'irai jusqu'au bout ; même s'il le faut,
je vendrais ma dernière chemise, mais tu resteras à
la maison. Il ne manquerait que ça, lui dis-je, que
quand je voudrais te voir je sois obligé d'enlever
mon chapeau pour prier ces messieurs de me laisser
voir Une telle. » Mais avec cela je n'étais pas sans
soucis, ayant deux enfants en nourrice ; mon emploi
aussi m'en donnait beaucoup ; et tant d'émotions me
faisaient oublier la fatigue et même de demander d'être
augmenté à la gare. Par moments, je m'interrogeais
sur ce que j'allais devenir si la malchance continuait.

En attendant, le temps passait et nous mena jusqu'aux fêtes de 1897-1898, c'est-à-dire aux grands
arrivages de colis en grande vitesse, où j'eus 3 francs
d'amende pour un fait assez bizarre que je vais raconter, et qui arriva par suite du désordre qu'il y avait
dans les zones où les facteurs en prenaient à leur
aise ; à cette époque, je zonais les écritures à domicile pour la ville et l'on signait les colis valeur décla-
rée à l'homme qui apportait les écritures dès l'arrivée
des trains sous gare.

Fin décembre 1897, j'avais signé un colis valeur de 200 francs ; c'était des bracelets faux, d'après ce que je sus par la suite. L'ayant couché sur mon carnet, j'en pris émargement au bureau des petits colis. Le lendemain, trois autres colis devaient être donnés contre émargement à ce même bureau et lorsque j'y fus il n'y avait personne. La croisée à coulisse étant ouverte, je plaçai les trois colis à l'intérieur avec mon carnet par-dessus et je courus au bureau des préposés où j'étais attendu.

Lorsque je retournai à ce bureau, l'homme y était, ainsi que mes trois colis, mais mon carnet avait disparu et personne ne l'avait vu.

Quelques jours après, le colis valeur 200 francs disparaissait et il fallut savoir et connaître le nom de celui qui l'avait émargé.

Mon collègue des zones, nommé Priou, m'en fit part en me disant : « Vous rappelez-vous du colis valeur de 200 francs : après avoir fait quatre feuilles de factage, on a trouvé le moyen de le faire disparaître. »

Je lui répondis que je me rappelais du colis, mais que mon carnet sur lequel il était couché et signé avait disparu sans que j'aie su comment.

Mais ce ne fut pas fini, il fallait un coupable. M. Delsaux pour masquer son mauvais service et celui du factage (d'autant que j'étais un intermédiaire inutile, puisque ce colis aurait dû y être mis directement sans que j'en prenne charge), me fit punir de

3 francs d'amende pour n'avoir pu fournir mon carnet sur lequel ce maudit colis avait été couché.

CE BRAVE FENAILLE

J'oubliais de marquer le passage du sous-chef de manutention M. Fenaille. Ce brave connaissait le service et luttait avec avantage contre M. Bombardier. Voici comment il s'y prenait.

Les jours qu'il n'y avait pas grand'chose à faire et surtout lorsqu'il commandait le service qui allait jusqu'à dix heures du soir, ce brave n'avait pas besoin de dire un mot : chacun travaillait de son mieux. Aussitôt que tout était fini, il n'attendait pas qu'il fût dix heures et tout le service était congédié. Quelquefois on gagnait une heure ou plus et les hommes étaient contents.

Bombardier signala Fenaille à ce sujet et tous deux furent appelés devant M. Regnoul, le chef de gare : Fenaille expliqua son cas. Bombardier le sien, mais celui de Fenaille était plus avantageux d'autant plus que son service était, de jour ou de nuit, fini avant celui de Bombardier. Finalement M. Regnoul donna raison à Fenaille, et tort à Bombardier ; et le personnel redoublait de zèle, lorsque Fenaille était de service. Inutile de dire que le personnel de nuit était bien content de partir une heure plus tôt le matin.

Arrivons au plus comique.

Il faut croire que ce jour-là il y avait eu réception chez lui, ou il avait été invité ailleurs, mais il devait prendre son service à 10 heures du soir et il n'y manqua pas. Donc, plus joyeux que d'habitude, jusqu'à minuit il fut d'une jovialité extraordinaire, et afin qu'il eût moins de mal, qu'il n'eût rien à commander, c'était à celui qui se dépêcherait le plus afin que sa bonne humeur ne trouve pas d'obstacle. Mais tout a une fin. A minuit, s'étant assis sur une chaise près du bureau du chef et des préposés, il ne tarda pas à s'endormir. Jusqu'à 4 heures, il n'y eut pas homme plus heureux, et son chef comprit qu'il valait mieux ne rien dire en le laissant tranquille : c'était d'autant préférable que le service n'en souffrait pas cette nuit-là.

Mais chaque fois qu'il passait devant, le chef ne pouvait pas s'empêcher de rire un bon coup, ainsi que le sous-chef de bureau qui faisait semblant de ne pas le voir. Mais voilà, il y a toujours des mauvais plaisants et ils s'avisèrent de lui administrer les derniers sacrements : l'un faisait les gestes et un autre l'arrosait avec de l'eau qui n'avait pas été bénite.

Il fallait voir la bonne mine qu'il avait et la nuit ne parut pas longue, mais lorsqu'il se réveilla il se figurait qu'il venait de prendre son service. Inutile de dire qu'il était frais et dispos. Cependant, le chef de service qui fit l'aveugle, se promit bien que si un tel cas se représentait, le coupable ne serait pas épargné.

Mais il n'eut pas la peine de sévir, puisqu'il devait bientôt partir pour un autre monde.

Un soir, me préparant pour venir à la gare prendre mon service à 10 heures, je me sentais mal, mais malgré tout je me décidai à partir :

Habitant loin, je ne voulais pas qu'on puisse dire que j'en prenais à mon aise.

Ayant quitté le chemin de fer de ceinture à Bel-Air et arrivé place Daumesnil, je ne savais comment faire, soit de m'en retourner, soit d'aller jusqu'au bout.

Y mettant de la bonne volonté, je pus arriver jusqu'au bureau de la messagerie, mais après une heure de travail je n'y tenais plus, les coliques devenant plus violentes, je fus obligé d'aller me rouler sur l'herbe près du bureau restant.

Une partie de la nuit se passa ainsi, je souffrais tellement, qu'au lieu de demander une voiture pour me conduire à Clichy, j'attendis 9 heures du matin pour aller à la visite.

Croyez-vous que le chef de service eut quelques égards, qu'il s'occupa de moi ? pas du tout, il se contenta de me porter malade, et si j'avais été un des siens il n'aurait pas hésité à me faire donner des soins et ma journée aurait été payée.

Mais voilà ce qui se passait dans les services, ceux qui buvaient comme des trous se figuraient que ceux qui ne buvaient pas étaient des ivrognes et qu'ils n'avaient droit à aucune bienveillance : et moi qui n'avais rien bu du tout, il n'y avait pas de doute, je devais être saoul.

Voilà le système employé par certains..., mais regardé de près, ce n'est pas encourageant.

En arrivant à la messagerie arrivée, je connus l'esprit de justice de M. Bérard, le chef de manutention. Celui-là, au moins, n'avait pas besoin de recevoir les ordres du sous-chef de bureau, pas plus de M. Maquet. On peut dire que c'était un chef. M. Lagé la même chose : mais il n'en fut pas de même de l'inconscient M. Salé, et s'il n'avait été soutenu par M. Maquet, il n'aurait pas pu arriver. Donc il était excusable d'autant que cet homme n'avait rien pour être chef d'un service si important par moment : il obéissait à son instinct borné et partial ne connaissant que ceux qui se prêtaient en aveugles à ses intrigues et admiraient ses idées peu méthodiques.

M. Maquet, quoique brutal, était au moins un organisateur : tandis que son sous-ordre n'était qu'un ignorant.

Vint ensuite M. Bombardier qui n'était certes pas très doux : rude travailleur il ne s'entendait pas aux intrigues et il fallait être intrigant. M. Maquet fut remplacé par M. Delsaux.

Le plus drôle, c'est que Bombardier voulait exiger dix heures de travail sans arrêt, et cependant, lorsqu'il faisait chaud et que les arrivages étaient nombreux, c'est-à-dire pendant les primeurs, lorsque les hommes avaient déchargé de nombreux wagons et fait le triage sur le quai pendant cinq ou six heures, c'était la moindre des choses que de leur accorder quinze ou vingt minutes, même une demi-heure, pour respirer un peu ou casser la croûte; or, ceux qui s'absentaient pour manger étaient attrapés vertement.

Cependant les bêtes sont incapables de faire dix heures de travail sans arrêt, et comment l'imposer à des hommes? Voilà qu'une nuit, les raisins frais arrivant en abondance, le personnel avait manifesté le désir de manger, mais Bombardier s'y opposait, ne se rendant pas compte que les hommes une fois qu'ils auraient mangé et bu lui fourniraient un travail double, au lieu que c'était à celui qui ferait le moins d'ouvrage et le faisant le moins bien. Mais le sous-chef de bureau Bérard se trouvant sur le quai entendit ces rumeurs et dit à Bombardier qu'il fallait que les hommes prennent leur nourriture; il fit donner l'ordre d'arrêter le déchargement au moins vingt minutes. Ils en prirent trente et ensuite tout alla à merveille.

Un matin, j'étais de service de jour et j'avais apporté une énorme balle de tissus destinée pour Bercy devant le bureau du chef de manutention, c'était là qu'on les mettait habituellement.

Cette balle étant debout, le diable qui avait servi à son transport fut laissé à côté ; après mon départ la maudite balle tomba, en repoussant le diable contre la porte du chef, et deux carreaux furent brisés.

J'eus beau dire que quelqu'un avait dû la faire tomber et que je n'y étais pour rien, je fus obligé de payer les vitres cassées.

Malgré cela cet homme faisait la différence des travailleurs et des... je m'en moque. Pendant ce temps le chef du carré fut nommé sous-chef et Bombardier me proposa pour le remplacer, mais il ne fut pas écouté et un plus intrigant fut désigné.

COUP DE PIED

Un matin, je remplaçais un collègue pour aller à la douane de Bercy. Le nécessaire fait, la voiture était chargée et j'attendais cocher et chevaux pour partir. Mon aide m'attendait au passage au bas de la rampe, ou entrée de la messagerie arrivée.

J'étais assis sur une caisse, ayant entre mes deux pieds un colis valeur 25.000 francs, pas plus gros que mes deux poings. Le sous-chef de bureau, M. Lagé, vint à passer et croyant à mon attitude que je dormais, il s'approcha de la voiture à pas de loup, certain qu'il allait faire une bonne prise.

J'étais immobile comme une statue et mes yeux presque fermés : voilà que ce bon Lagé passa son bras dans la flèche et allait s'emparer du colis valeur. Mais il fut déçu, en même temps un coup de pied envoyé avec force tombait sur cette main délicate et peu s'en fallut qu'elle en fût la victime : elle aurait pu être brisée.

Surpris, ce brave Lagé changea de couleur, de sa bonne mine je ne vis qu'un visage aussi blanc que sa chemise, et il me dit :

— Je croyais que vous dormiez.

Je lui répondis que lorsque je montais la garde c'était dans cette position afin de mieux surprendre celui qui voudrait me dévaliser.

Voyez ce brave homme s'il avait eu sa main ou son bras brisés ! alors qu'il avait été mon premier témoin lors de mon deuxième mariage. J'en aurais été désolé !... mais cela prouve qu'avec moi il ne fallait pas jouer au petit soldat.

Frères reconnaissants

J'avais un frère nommé Louis qui, croyant venir à Paris faire fortune, abandonna notre mère et la maison alors qu'il y était seul avec elle.

J'avais fait les démarches utiles pour le faire entrer au service du P.-L.-M. comme homme d'équipe, et un permis lui fut envoyé.

Ce frère, encore plus campagnard que je ne l'étais à mes débuts, faisait un bon service et je n'entendais jamais de reproches contre lui.

Mais voilà le diable !... Il faut croire qu'il n'avait pas l'ombre de mon caractère, sans quoi il n'eût pas agi ainsi.

Quand vint le mouvement gréviste, ce malheureux, je peux ajouter cet imbécile, sans m'en faire part, se mit du côté où il n'avait rien à faire et un matin j'appris qu'il n'était pas venu travailler.

Il fut donc compris dans le mouvement, mais comme j'étais travailleur, et lui aussi selon ses moyens, par faveur il fut repris alors qu'on aurait dû lui fermer la porte afin de lui apprendre à vivre.

Par la suite il se maria et je ne voulais pas assister à sa noce. Mais ma femme me dit : « Tu ne peux pas refuser à ton frère puisqu'il t'invite. » Cependant j'avais raison, et la suite le prouva.

A ce moment, la messagerie arrivée était une mauvaise école pour celui qui n'était pas ferme.

Un jour, j'appris que M. Bombardier l'avait pris en défaut et il fut révoqué.

Si ce malheureux avait fait comme moi, il serait encore au service de la compagnie, au lieu que quelque temps après il alla mourir à l'hospice.

Parlons de celui qui était à Lyon, qui m'avait fait entrer au P.-L.-M., à Perrache, et qui m'avait reçu chez lui en frère reconnaissant. Cet homme, au contraire de moi, avait été à l'école jusqu'à dix-huit ans et certes, étant au service des trains, il pouvait faire un bon sous-chef ou chef de train principal.

Ayant une femme charmante et deux beaux enfants, il ne pouvait qu'être heureux.

Malheureusement, il se mit à boire, et surtout à boire de l'absinthe, et du jour que ce vice fut incarné chez lui ce fut sans remèdes.

Étant à la veille d'avoir sa retraite comme conducteur-chef, il fit si bien qu'il se fit révoquer, alors qu'il n'avait qu'à faire le mort, c'est-à-dire se faire porter malade lorsqu'il ne se sentait pas en état de faire son service.

Donc, son emploi était perdu, ses enfants morts, il s'éloigna de sa charmante compagne qui ne méritait pas tant d'affronts.

Mais que fit ce loup aux côtes en long, non content d'avoir détruit ce qui fait le bonheur de la vie ? Il savait qu'aux Assions il y avait maison et terres ; notre mère infirme et ma sœur Louise pour la soigner plus ou moins bien, notre mère lui ayant donné le quart de ce qu'elle croyait avoir, ce fut suffisant pour faire place au loup qui venait de rentrer à la maison.

Les premiers temps tout allait bien, mais le vice de boire n'avait pas disparu, c'était donc soi-disant des disputes continuelles, et ma sœur, pour avoir la paix, quitta la maison.

Elle fut bien soignée, dès lors, cette malheureuse mère Martin. Étant infirme, pendant que le loup se gorgeait de vin, de liqueurs en passant les nuits dehors, elle passait la nuit assise sur sa chaise à la belle étoile. Enfin, à force d'en endurer elle finit par se mettre au lit, et le jour de sa mort, le loup-cervier se fit faire une reconnaissance de 2.000 francs et un bail de neuf ans.

Mais voilà..., les terres plus ou moins travaillées ne reçurent plus rien, le loup se contentait de prendre et c'était tout.

A la fin, ce misérable ayant tout détruit sans rien faire, finit par se faire accorder 15 francs par mois par l'Assistance publique, tout en continuant de se saouler comme un portefaix.

Heureusement qu'il sera obligé, à son tour, de quitter le toit qui aurait dû l'écraser le jour qu'il y alla pour s'abriter, et que, sans ressource, il périra sur le fumier qu'il n'a cessé de mériter.

Voilà ce qu'est ce deuxième faux frère.

Voilà de quelle façon l'homme devient au-dessous de la bête, et, s'il plaît à Dieu, il mourra dans la misère, à moins que l'Assistance ne le prenne en pitié et qu'on lui donne une pâtée comme à un chien.

Homme ! que tu es vil.

Parlons de Pépion maintenant

Le sous-chef de manutention Pépion, qui devait remplacer Bombardier lorsqu'il partit en retraite, me montra un jour ce qu'il était capable de faire. C'était l'avant-veille du 1er janvier et inutile de dire s'il y avait de nombreux colis. Ce matin-là j'étais chargé de faire classer les colis du train 58 arrivant à 4 heures du matin et amenant les colis des embranchements d'au-delà de Larroche-Auxerre-Clamecy, et Les Laumes. Les gares de ces petites lignes envoient beaucoup de colis provisions pour la Noël et bien plus pour le 1er janvier. Voyant une telle abondance de colis, quoiqu'il fît froid j'avais quitté mon veston et Dieu sait combien de colis me passèrent par les mains, surtout ceux du tarif général ; les colis postaux n'étant pas aussi en vogue que de nos jours.

Le classement était fini, hormis celui des colis venant d'Italie par Modane, et il y en avait plusieurs wagons.

Parmi ces colis il y avait d'énormes ballots tressés de paille, et les voyant arriver, je dis aux hommes de les mettre au bord du quai.

Pépion passant par là dit : « Ne parlez pas si fort, on n'entend que vous ici. — Cependant, lui répondis-je, pour être entendu au milieu d'un tel roulement il faut que je parle fort ou personne ne m'entendra. — Ça va bien, répondit-il, je vais vous signaler. — C'est tout ce que vous êtes capable de faire répliquai-je et si vous aviez dû faire le travail qui vient d'être fait par moi, vous vous seriez plutôt caché, vous n'auriez pas eu besoin de quitter votre veste comme je l'ai fait. — Assez, assez, dit-il sournoisement. — Du reste, lui répondis-je, les colis sont classés et les écritures aussi,

vous n'avez qu'à faire reconnaître, quant à moi je vais à la douane à Bercy, je devrais être parti. » On a raison de dire que beaucoup travailler avec des chefs ignorants, c'est perdre son temps, d'autant qu'ils sont incapables de faire la différence du travailleur et du fainéant. Avec un tel homme pour chef de service, M. Deschamps pouvait dormir tranquille, le quai était bien commandé.

Voici plus beau

M. Pépion était chef de service de 10 heures du matin à 10 heures du soir, et moi aussi. Comme je zonais les écritures pour la ville, dans l'après-midi, l'homme d'équipe qui était sous gare à l'arrivée des trains avec un préposé vint au quai avec les écritures de ces trains et sept colis épaves pour le bureau restant qu'il devait donner contre émargement.

Le préposé Haquet était allé déjeuner, mais l'homme d'équipe qui le remplaçait ne voulut pas les signer. Cet homme vint trouver M. Pépion en lui disant qu'au bureau restant on n'avait pas voulu signer ses colis.

Que fit le chef ?... Au lieu de lui dire que puisque ces colis épaves étaient pour lui, qui remplaçait le préposé, il n'avait qu'à les accepter, Pépion entra dans le bureau des préposés et me dit : Martin, donnez émargement des sept colis épaves afin que cet homme retourne sous gare à son service.

Je répondis à M. Pépion que ce n'était pas à moi d'en prendre charge, que c'était au bureau restant puisqu'il y avait quelqu'un. « Moi-même je serai obligé de les coucher sur mon carnet et d'aller au bureau restant ensuite, lui dis-je, et voyez le tas de feuilles que j'ai à dépouiller et à zoner. Étant même obligé de m'absenter, si pendant ce temps un des colis disparaît, qui en sera responsable ? » En outre, il y avait un colis, un couteau qu'il était bien facile de mettre dans sa poche et j'aurais été obligé de le payer ou d'avoir une amende.

Sa réponse fut brève : « Faites ce que je vous commande et rien de plus, nous verrons après. »

Je répondis à M. Pépion qu'au bureau restant il y avait un homme pour servir les clients et pour recevoir les colis épaves, que ce n'était pas à moi de le faire.

Je fus signalé par M. Pépion et voici en son entier le texte exact de son formidable rapport, sans y ajouter ni en retrancher un mot ni une virgule ; cela paraîtra peut-être amusant pour celui qui voudra y comprendre quelque chose.

Monsieur le chef de gare,

A 12 h. 15, 7 colis P.-O., provenance de Pche, nous ont été remis contre émargement. Haquet chargé B. R. prenait repas de midi à 2 heures. Ne pouvant donc émarger les colis ci-dessus, j'ai prié le préposé Martin de faire le nécessaire.

Ce dernier m'a répondu qu'il ne tiendrait pas compte des ordres que je lui donnais. Je n'ai pas insisté surtout lorsqu'il m'a dit : « Moi je me charge d'écrire à M. Delsaux. »

Monsieur, étant persuadé que vous donnerez suite à cette affaire, je ne crains pas de vous dire : il n'y a pas de service où Martin n'apporte aucune bonne volonté ; il a toujours à répondre :

C'est pour des retards dans son service.

C'est pour quitter en avance.

C'est pour apporter de la mauvaise volonté dans son service.

C'est pour se disputer continuellement avec les préposés, les brigadiers et hommes d'équipe.

C'est pourquoi, Monsieur le chef de gare, je demande le changement du préposé Martin.

Votre serviteur,

Pépion

Voilà, certes, un rapport étrange sur le compte de celui qui était, sans craindre d'être démenti, un des plus débrouillards ou des plus habiles du quai.

Du reste, M. Delsaux ne se gênait pas pour dire qu'il eût été à désirer qu'il y eût sur le quai de nombreux préposés tels que Martin et que le travail marcherait autrement s'il en était ainsi.

Pendant quatorze ans, étant de service de dix heures du matin à dix du soir, ou de nuit, de dix à huit heures du matin, lorsque le service l'exigeait, je ne prenais qu'une heure pour déjeuner au bureau, pendant que mes collègues prenaient leur repas et deux

heures. Martin était au carré pour recevoir les colis
et les faire classer en même temps afin que tout fût
en ordre lorsque le personnel de six à six arriverait.

Donc, en voilà des heures de travail de plus que
n'en faisaient mes collègues ; et il est inutile de dire
si M. Delsaux se fit une bosse de rire en lisant le grotesque et formidable rapport de M. Pépion.

J'eus une certaine élasticité pour partir le soir
lorsque je fus de service de six à six le jour, et de dix
heures du soir à huit heures du matin, mais, lorsque
le service l'exigeait, je partais comme les autres sans
demander de faveurs.

Comment prouver que les travailleurs sont le plus
souvent évincés ? Ce n'est pas difficile. A celui qui en
prend à son aise et qui évite tout ce qui pourrait lui
être funeste, il n'arrive jamais rien, et très souvent il
a la consigne de travailler le moins possible afin de ne
pas se trouver embarrassé, et s'il est recommandé, il
faut qu'en aucun cas son casier ne soit chargé. S'il lui
arrive un incident quelconque, le rapport ne parvient
jamais à son but. Celui-ci est toujours blanchi à
moins d'un cas grave ; ou on ne lui donne que des
postes à l'abri de tout incident.

A ce moment, ou antérieurement, on se plaignait
au chemin de fer, mais partout c'était bien la même
chose et dans les ateliers bien pire ; à l'État, c'était le
comble et les politiciens étaient sans doute moins
consciencieux que les grands chefs des chemins de

fer, du P.-L.-M. surtout. De nos jours,c’est l’État qui est le plus féroce en tout : on nous promet monts et merveilles et en fin de compte cette compagnie est loin d’égaler le P.-L.-M. pour les retraites. Je parle de celles de mon époque créées par la compagnie. Enfin, il n’est pas nouveau de savoir, d’apprendre, ou de voir que l’employé abandonné à lui-même, aurait-il les meilleures intentions et les plus grandes qualités, rarement fera son chemin, car celui qui est protégé,à tort ou à raison,l’écrasera à chaque instant, à toute occasion, et aujourd’hui avec la politique n’est-ce pas un écrasement ? On ne voit que des monstruosités.

J’évite d’en dire plus long à ce sujet et je reviens à ce qui existait et existera toujours.

C’est tout naturel que dans le service de la reconnaissance, celui qui a 50, 80 ou 100 feuilles en mains est plus sujet à se tromper que celui qui en a 10 ou 20 ; de même, il est moins facile de reconnaître 100 ou 200 colis postaux dans le même temps qu’un collègue mettra pour en reconnaître 30, 40 ou 50. D’être habile sert, quelquefois, à se faire du tort ou à se faire du mal.

Un jour, en classant des colis, j’en pris un lourd sur le tricycle et celui qui était dessous tomba sur le bas de ma jambe et me mit l’os à nu.

Je voulus me soigner sans cesser mon service,mais pour revenir de Bel-Air au quai, il me fallait une heure pour ne pas me fatiguer. Je fus signalé cinq jours de suite pour être arrivé en retard, mais le sous-chef Koëbel voulait être chef et faisait du zèle.

Je fus averti de me présenter à M. Delsaux, mais il se mit à rire lorsqu'il vit que je voulais lui montrer ma jambe, et lorsqu'il vit la plaie il me dit : « Il n'y en a pas un autre qui travaillerait dans ces conditions-là. Ça va bien, ajouta-t-il, arrêtez-vous si vous êtes fatigué. » Il ne pouvait pas mieux dire. Mais ce n'est pas ce qu'attendait Koëbel.

Heureusement que le passage comme chef de service fut de courte durée pour M. Pépion, car réellement il y avait de quoi devenir anarchiste malgré soi. Ne voulant pas profiter de sa faiblesse et surtout à l'approche des fêtes de Noël et du 1er janvier, je lui dis un jour : « M. Pépion, prenez vos mesures ou vous serez débordé en peu de temps. »

« Oh ! répondit-il, nous ferons ce que nous pourrons. » La lutte n'était pas possible, sans organisation il n'y avait qu'à fermer les yeux. Pendant que je peinais ainsi, beaucoup rentraient chez eux très alertes.

J'avais du mal à arriver chez moi tellement j'étais fatigué et écœuré de voir un pareil désastre, un pareil amoncellement de colis qui ne pouvaient être livrés par suite d'incurie.

Le coupable n'était pas Pépion, mais Deschamps qui devait savoir son protégé bon tout au plus à faire un brigadier, et encore sans passer par tous les services d'un quai, car en ce cas il n'aurait pu faire un homme d'équipe.

Et M. Deschamps l'avait nommé sous-chef et chef de manutention !

Cet homme, bon dans le fond, n'avait de préoccupations que pour ceux qui étaient ou paraissaient être plus inconscients que lui ; mais pour ceux qui l'étaient moins c'était autre chose.

La valeur de l'homme ne se connaît pas aux intrigues mais à l'œuvre, lorsqu'il faut donner des conseils aux subalternes et leur montrer ce qu'ils ont à faire ; mais lui, comme tant d'autres, ne pouvait donner un renseignement, il disait : « Vous devez savoir ce qu'il y a à faire. » Voilà la réponse de tels chefs, de ces hommes bornés jalousant ceux qui ne le sont pas. Cet homme, né à Paris, était incapable de s'y orienter, même pour prendre l'omnibus pour se rendre à l'Hôtel de Ville. Un paysan venant de la campagne aurait pu lui montrer le chemin au premier coup d'œil sur un plan. Et dire que cet homme était chef d'un des services les plus importants pour les arrivages ! Était-il envoyé du ciel, ou imposé par Jupiter ? Toujours est-il que sous-chef de bureau et chef en haussaient les épaules et l'évitaient autant que possible ?

Et pourquoi !

Demandez-le à M. Deschamps qui fut obligé de le faire disparaître en lui donnant un service d'enfant.

Il devait être remplacé avantageusement par M. Lauzier, mais il y eut déception. C'était un bien brave homme, mais il avait l'esprit borné et ce n'était pas lui qui était chef. C'était son entourage.

Il aurait fallu un géant pour dominer son service et en imposer au factage en persuadant M. Delsaux, en lui montrant les vices d'une telle organisation.

Mais pour agir ainsi l'audace lui manquait ; il acceptait les ordres malsains qu'on lui donnait, sans récriminer. Du reste, aux yeux de Delsaux et de Deschamps, il ne fallait prendre aucune initiative contraire à leurs ordres.

Ce trop brave Lauzier n'eut même pas le courage d'enrayer un courant néfaste qui infectait le quai, ouvrage de quelques mouchards ou politiciens dont le meilleur service se faisait chez les marchands de vins, et qui subsista après lui. Nous y viendrons un peu plus loin.

AUTRE CHOSE D'INSTRUCTIF

Elle n'est pas ordinaire cette histoire-là !

Il faut que je la raconte telle qu'elle se passa.

J'étais chef du carré où on faisait la reconnaissance des petits colis, tarif général ou postaux.

Après minuit j'avais commandé un des hommes que le chef de service avait envoyés au carré pour nous aider, celui-ci se trouvait pris de boisson, faut-il ajouter légèrement ? Au lieu d'obéir, il ne trouva rien de mieux que de m'invectiver. Je lui fis observer que le chef l'avait envoyé pour travailler et non pour m'insulter.

Ce ne fut pas fini car, pendant près de deux heures, cet homme d'équipe nommé X... ne cessa de vomir les plus grossières insultes contre moi (cependant je ne lui en avais jamais fourni le motif), allant jusqu'à m'attaquer dans ma vie privée, à laquelle il n'avait rien à voir.

Comme s'il avait été l'amoureux de ma bonne, il se plaisait de dire que je ne pourrais en garder aucune chez moi. Je lui répondis qu'il n'avait pas à s'occuper de ce qui se passait dans mon intérieur, et qu'il n'avait sans doute pas la prétention de m'imposer des personnes qui vidaient ma maison.

« Vous n'aimez pas les ouvriers, dit-il, vous les détestez et vous êtes un propre à rien. »

Comme il continuait de plus belle et que le chef de service Castéran, au lieu de lui imposer silence, faisait le sourd, je le pris par son veston sous le menton en lui disant : « Vous mériteriez que je vous tire les oreilles », me contentant de lui faire sentir qu'il n'était qu'un petit homme et un malheureux et qu'au lieu d'être sur le quai il devrait être chez lui à cuver sa boisson ; que si le chef avait fait son devoir il l'aurait renvoyé immédiatement.

Cet homme se débattait pour m'échapper : mais ma main de fer le tenait.

Heureusement que je me contentai de cela, car si j'avais eu le malheur de le frapper, que serais-je devenu ? Vers les 2 heures du matin, le chef l'envoya dans un autre service et le travail de nuit fini, il partit après l'appel.

Mais à 9 heures, X... se rendit à la visite où le médecin complaisant lui accorda un jour de repos.

Il fut ensuite se plaindre au commissaire, disant que je l'avais frappé.

Je fus invité à me présenter au bureau du commissaire de la gare le lendemain, d'urgence (l'ayant appris la veille à 10 heures du soir) et sachant de quoi il s'agissait, je n'y allais pas pour faire des excuses. Aussitôt que je fus dans son bureau, le commissaire me dit d'un air grave : « Pourquoi avez-vous frappé l'homme d'équipe un tel ? il est venu se plaindre que vous l'aviez malmené, d'autant qu'il a été à la visite et vous devez savoir que vous avez le droit de commander un homme d'équipe, mais pas de le frapper, pas même de le toucher. »

Je lui répondis avec assurance que pour mettre un terme aux insultes de l'homme d'équipe X..., je l'avais pris par son veston au collet, mais sans le frapper, dans le seul but de lui faire sentir combien il était vil. « Du reste, dis-je, les témoins ne manquent pas et aucun ne peut dire que j'ai frappé cet homme et si mon chef Castéran avait fait son devoir, il n'aurait pas dû le laisser travailler sur le quai.

« Je vais faire une enquête, répondit le commissaire, retirez-vous. »

Voyant qu'il s'était fait porter malade et ayant un

jour d'arrêt par le médecin, Castéran fut obligé de signaler le cas, et après l'enquête du commissaire et de M. Delsaux, ils conclurent que c'était moi qui étais en droit de me plaindre, alors que X... était le plaignant. Enfin, pour une fois, M. Deschamps me donna raison, M. Delsaux lui ayant fait part de mon activité sur le quai ; malgré que X... fût protégé par un personnage de la gare, il fut envoyé à Villeneuve-Triage en punition, mais il démissionna quelque temps après.

Ce petit homme (que je pouvais appeler serin) avait cru qu'en se plaignant il allait déchaîner contre moi une montagne, mais la montagne avait accouché d'une souris.

Mais si j'avais eu le malheur de le frapper, je n'aurais pas été à la fête, en raison de la façon dont il s'y prit.

Mon bon service et mon ancienneté m'auraient épargné d'être révoqué ; mais j'aurais été sûr d'aller à Triage à sa place.

AUTRE CURIEUSE AVENTURE

Avant 1900, il y avait sur le quai un homme d'équipe nommé Jean, natif de Marseille. Cet homme, aussi habile qu'il était petit, remplaçait dans tous les divers services du quai, et lorsqu'il n'y avait pas de remplacement à faire, il restait au carré pour faire la reconnaissance et pour classer les bulletins postaux, travail auquel il était d'une habileté surprenante.

Il y eut un remplacement à faire à la consigne et Jean fut désigné. Le Marseillais était débrouillard et le matin il servait les clients qui venaient chercher leurs marchandises, aussi bien que le brigadier qu'il remplaçait. Ce service de consigne étant avantageux, Jean fit parfaitement son affaire.

Mais après avoir manutentionné de nombreux et lourds colis, que fit-il ?

Il s'avisa de réclamer sa part aux pourboires, sans penser qu'il allait se faire du tort.

Jean avait raison : mais le titulaire et M. Delsaux ne pensèrent pas comme lui : il devait servir les clients, mais quant à mettre dans son gousset 1, 2 ou 3 fr. par matinée ou par jour, il ne devait pas y songer : il s'en retournait chez lui la poche vide ; et Jean se fâcha de cette monstruosité, ne se gênant pas pour le dire à qui voulait l'entendre. Pour couper court à tout cela, M. Delsaux fit un rapport contre ce brave Jean et il fut envoyé à la bouillotterie ; son service consistait à ramasser les bouillotes que les agents du petit entretien jetaient sur les voies en nettoyant leurs voitures, et là Jean ne risquait pas de recueillir des pourboires ni d'avoir à réclamer pour le partage. C'était pour lui apprendre qu'à la consigne il devait servir les clients sans avoir le droit de mettre quelques piécettes dans sa profonde ; il devait regarder le gâteau, mais se garder d'y toucher.

Jean de Marseille, écœuré de voir pareille injustice, démissionna et s'en fut travailler dans une maison où sa femme était occupée ; sans doute qu'il en est très heureux ! mais il serait malheureux que ce serait la même chose.

Ce petit incident doit donner une idée de la perversité du service de la messagerie arrivée, et si tout avait été dévoilé, M. Delsaux n'aurait pas tenu un instant devant tant de preuves ; il n'aurait eu qu'à disparaître et ne plus se montrer en public. Mais si l'exemple venait de haut lieu, il était excusable, n'obéissant qu'aux intrigues. Moi qui n'étais pas intrigant, je me suis demandé souvent comment j'avais pu faire pour être bien dans ses papiers.

Attention ! camarade ! quelques années après j'étais comme Jean de Marseille ; je devais disparaître aussi !... Mais les Ardéchois sont plus tenaces que les Marseillais.

Mon chef était un compatriote ; celui-là ne ressemblait pas à Salé, il était plus à la hauteur, mais pas suffisamment pour commander en maître, et briser tant de chaînes qui paralysaient le service, entre autres le factage.

Le chef de manutention, M. Lauzier, voyait sans doute que j'étais plus ou moins débrouillard ; mais dans un tel service, un homme est si petit que, malgré sa bonne volonté et son travail, il est enterré si quelqu'un ne s'occupe pas de lui.

Le chef du carré étant nommé sous-chef, l'Aubenassien Lauzier me désigna, et sollicita auprès de M. Delsaux afin que je fusse chef du carré, l'emploi étant vacant ; M. Delsaux lui dit : « C'est un pays, et je crois qu'il fera son devoir. »

En effet, je m'en acquittais de mon mieux, tout en travaillant comme un mercenaire : mais je souffrais de voir que les intrigues se multipliaient dans le service ; elles ne firent qu'augmenter, lorsque M. Étienne le remplaça. Ce brave Lauzier pouvait s'absenter du carré lorsque j'étais présent ; je n'avais pas besoin de lui pour faire activer le service. Le matin, surtout, lorsque les hommes étaient fatigués, c'est alors que j'étais le plus dispos pour les encourager, et je n'avais pas besoin d'aller, rue de Bercy, boire un ou deux verres pour me donner du courage, d'autant que c'était naturel chez moi.

M. Delsaux au lieu de mettre ordre à cette horde envahissante d'anarchie, semblait éprouver un certain plaisir à voir ce qui se passait.

L'on aurait dit qu'il avait été décoré de l'ordre du Bénin pour encourager le désordre sur le quai, et bien plus encore dans les zones.

A ce moment le service du factage commandait en maître en la personne de M. Baucher, et ses deux sous-chefs qui se succédèrent que faut-il en dire ?

Ils furent, l'un après l'autre, mis en demeure de

démissionner. Il fallait voir cette camaraderie. Toute cette famille trinquait ensemble.

Sous-chefs et préposés livreurs. Préposés des zones, chefs et sous-chefs de manutention. Préposés brigadiers et hommes d'équipes. Gardiens et surveillants du quai et des zones, etc.

Enfin, de voir faire cette navette, il y avait de quoi se rendre le cœur joyeux.

A M. Delsaux, lorsqu'on lui faisait part qu'il manquait tel et tel colis... écrasé par le service du factage, il répondait : «Faites des en moins.» Cependant les colis étaient arrivés à la messagerie, mais où passaient-ils ?

Un jour il en arriva une bien belle au préposé Zaëgel. Il avait signé une balle soie et le bureau des petits colis étant encombré il la laissa dehors. La feuille de factage faite, le facteur vint la prendre sans rien dire tandis qu'il aurait dû en donner émargement. On avait même vu ce facteur la conduire dans les zones et charger dans sa voiture.

Mais attendez ! Cette balle soie fut bien livrée, mais où ? Ce ne fut pas au vrai destinataire puisqu'il se la fit payer 2.000 francs par la compagnie.

Elle avait pris un drôle de chemin, cette balle soie... Mais le service du factage fit si bien que son facteur fut mis hors de cause et Zaëgel paya 5 francs d'amende. Il faut croire que ce facteur ne faisait pas là son apprentissage puisqu'il fut obligé de démissionner peu après : mais du moment qu'une balle soie disparaissait, c'était bien plus facile d'en faire autant aux petits colis. Enfin, le service du factage (7ᵉ division) était inattaquable, ce n'étaient que des saints, les chefs surtout. Certes, dans ce service il y avait des braves gens, comme partout... et des canailles aussi.

C'était même étrange que l'inspection principale trouvât cela tout naturel, alors qu'il était si facile d'y mettre ordre, ce qui prouvait l'impuissance de M. Deschamps et de ses lieutenants.

Il aurait fallu que l'exploitation dominât la 7ᵉ division et enlevât chefs et sous-chefs du service du factage, M. Delsaux et tous ses intrigants ; M. Delsaux était homme à faire un bon chef de parade à Vichy : mais faire un chef de gare adjoint aux messageries à Paris c'était au-dessus de ses forces.

M. Deschamps, de son côté, aurait mieux fait de garder sous gare Leleu et Étienne que de les nommer sous-chef et chef. Le personnel travailleur était outré, découragé d'un tel sans-gêne : de voir les services commandés par des incapables qui, au lieu de montrer l'exemple de l'ordre, se plaisaient à décourager les biens intentionnés.

Et ceux-là n'avaient pas le droit d'élever la voix, ou ils étaient sacrifiés. J'aurais gagné à ne rien dire, mais comment faire lorsqu'on voit un tel désordre ?

La nuit surtout, lorsque les primeurs arrivaient en abondance, que voyait-on sur le quai ?

Il fallait le voir pour le croire.

Le service du factage s'emparait des tricycles et

pour en avoir pour la petite messagerie le personnel était obligé de se battre. M. Delsaux pour faire l'économie de dix hommes et de matériel endurait un pareil gachis, et l'écrasement des colis ordinaires.

En supposant qu'on le lui imposât, c'était à lui de démontrer le préjudice causé dans le service.

Au moment où il aurait fallu 50 ou 100 tricycles en plus, le factage allait en chercher au départ, une, deux, trois ou quatre flèches, et pendant ce temps il s'était fait pour plus de 500 francs de dégâts, et quelquefois pour cette somme un seul colis écrasé ou avarié suffisait.

Que faut-il dire des colis provisions qui arrivaient régulièrement? Pour ceux-là les destinataires pouvaient seuls estimer le dommage.

Et beaucoup les recevaient en mauvais état, se contentant de dire aux facteurs :

« C'est malheureux que nous ne puissions pas recevoir nos colis en bon état. »

Les facteurs encaissaient, ou ils étaient privés de pourboire ; et ça faisait le compte.

Si M. Deschamps s'était dérangé de temps à autre et à l'improviste pour voir, pour se rendre compte de ce qui se passait sur le quai, il aurait vu les colis sortis des wagons, traités comme des bottes de paille ou de foin, soit par manque de personnel ou de matériel.

Mais surtout par manque d'organisation.

Pour les hommes qui avaient du cœur, ce travail

était comparable à l'action d'un fou qui au lieu de boire un litre de vin ou d'eau le jetterait dans la Seine, croyant la faire déborder.

Devant une telle obstination il n'y avait qu'à fermer les yeux, et le personnel du quai non intéressé était écœuré de travailler constamment avec celui qui n'avait en vue que les pourboires ; c'est-à-dire le service du factage.

De la compagnie, ils s'en moquaient d'autant plus que les malheureux à 3 fr. 75 ou 4 francs par jour leur classaient leurs colis prêts à être chargés ; ou s'ils le faisaient eux-mêmes, la reconnaissance était impossible, ou enfin il y avait des en moins à faire.

Mais qu'arrivait-il ? Pendant ce temps tout ce qui comprenait le service du factage descendait rue de Bercy afin de se garnir l'estomac. A leur retour il n'y avait qu'à charger leurs flèches.

La journée finie, les facteurs avaient 20, 30, 40 ou 50 francs, les brigadiers de Bercy 5,6,7 ou 8 francs, et les pauvres diables qui avaient mouillé leurs chemises, s'ils voulaient boire un coup, ils devaient toucher à leur journée de 4 francs.

Mais ce qui ne faisait pas plaisir aux requins : j'appelle ainsi chef et sous-chef du partage ; chefs et sous-chefs de manutention : c'est lorsque j'avais occasion de leur dire sans prendre des gants ce que je pensais de leur organisation, et sans plaisanterie j'ajoutais :

« Si j'étais chef de l'exploitation pendant quarante-huit heures, je bouleverserais le service du quai et principalement celui du factage. » On pouvait appeler ce dernier service, les bœufs gras, dont les maigres emplissaient chaque jour le râtelier, se contentant de sentir l'odeur et d'attendre qu'il tombe quelques miettes pour en connaître le goût. Le contraste était même pénible à voir, et il est compréhensible que les hommes qui ont de quoi se soigner, en face de ceux qui ne le peuvent pas, fassent triste figure ; et lorsque des colis sont avariés, voyez récrimination. Mais que doit-il faire, un pauvre diable qui tient à peine debout quand il est obligé de manutentionner des colis lourds et fragiles.

Le plus souvent, il fait au-dessus de ses forces pour éviter un heurt : mais combien de fois il ne peut pas l'éviter ; et étant après tout désintéressé de la casse, il finit par dire : « Puisque nos chefs se moquent de nous, pourquoi prendrions-nous intérêt pour un service qui nous reste étranger quoique nous soyions continuellement en contact avec lui ? » Et lorsque des gros bonnets venaient faire une tournée sur le quai tout était préparé d'avance. M. Deschamps avait donné ses ordres ; mais s'il m'avait été permis de leur dire la vérité, sans aucun trouble, j'aurais dit...

« Agissez et venez à l'improviste, Messieurs les membres du Conseil d'administration, de la direction et de l'exploitation. La 7e division est un chancre pour la compagnie, pour les clients, et pour le service qui travaille avec elle, vous verrez ce qui se passe par suite des exigences de la 7ᵉ division, de l'incurie et du peu de droiture des chefs qui commandent sur le quai, et du peu de pouvoir qu'ont les petits chefs représentant le service sous la main de M. Deschamps.

Trop de bâtards dans une agglomération pareille ; trop de déshérités et trop de favorisés. Il est déjà à la merci de ceux qui viennent chercher leurs colis en gare par suite d'une mauvaise organisation. Et si le gâteau avait été partagé au lieu d'être donné seulement à quelques préférés, on ne verrait pas tant de tiraillement. Les hommes en général seraient heureux de faire leurs efforts pour plaire aux clients et éviter les avaries ; pour arriver, en un mot. Il est bien entendu que l'homme intéressé prend, généralement, l'intérêt du service, s'il ne l'est pas il donnera sans le vouloir des renseignements nuisibles au service. Il ne faut pas croire que quelques cheffaillons intéressés peuvent arrêter cet élan, ce torrent ! Non, ils ne peuvent rien que patauger et continuer les errements vicieux, avisez, avisez, il est encore temps ; évitez que dans les services liés de la sorte, en faisant le même travail, ayant les mêmes années de service les uns gagnent leur vie et que d'autres crèvent de faim. C'était bon autrefois, mais aujourd'hui tout se précipite, tous y voient clair ; et cependant, c'est à qui ferme les yeux pour éviter les tuiles que d'autres préparent pour jeter sur la tête des innocents. »

Revenons a nos moutons

Jusqu'à l'année 1905, il se passa pas mal de petits faits intéressants, mais toutes les chinoiseries d'un tel service ne peuvent êtres racontées.

L'homme n'est pas parfait ; mais sans l'être, et sans méchanceté, il est permis quelquefois de donner son avis, de juger sans y être autorisé par les chefs. Et en ce cas, ne pouvant empêcher ils empochent... mais ils gardent rancune. Quoique cela par moment je me soulageais en leur disant que si j'étais chef il me serait impossible de me taire dans certains cas.

Jusque-là j'avais travaillé pour être sous-chef et chef ensuite au besoin ; mais ces diables d'intrigants savent se glisser partout, surtout qu'ils savaient que M. Delsaux m'était favorable à cause de mon travail assidu, par lequel je montrais l'exemple en toute occasion ; et à ce moment-là si un emploi de sous-chef avait été vacant, sans doute que j'y aurais été élu.

Je n'étais certes pas un habitué de la rue de Bercy, mais un congé m'ayant été accordé au moment des fêtes de juillet, ce que M. Delsaux aurait refusé à bien d'autres, à mon retour, je voulus m'en montrer reconnaissant et je saisis le moment où il n'y avait absolument rien à faire pour inviter chef et sous-chefs présents ainsi que quelques collègues. L'on vida quelques litres ou bouteilles de bon vin blanc et aussitôt on retourna sur le quai.

Je fis même par la suite quelques petites parties de manille ou de piquet avec Pierre ou Paul, et le soir, sortant à 6 heures, il m'arriva quelquefois de maniller avec Étienne et Cie. Cela ne dura guère d'autant que pendant quatorze ans que j'habitais à Clichy, si j'avais dépensé 30 francs rue de Bercy, c'était le maximum.

Mais je m'aperçus bientôt que j'étais de trop. Étienne et Cie n'étaient pas à leur aise avec moi.

Je remarquai qu'un commissaire de la gare était matin et soir avec Étienne et ses amis, l'on aurait dit que M. Étienne jouait plusieurs rôles à la fois.

Mais dans aucun cas, je n'aurais voulu m'habituer à ces descentes trop suivies.

Ce fut fini et je restai sur le quai pour assurer le service au besoin en cas d'absence des chefs, tout en travaillant en spectateur, au coup d'œil juste qui n'a besoin d'aucun conseil, concernant les intrigues.

Je voyais s'agiter en un va-et-vient continuel un chef, sous-chef, ou certains de mes collègues.

A leur retour, comme ils ne pouvaient qu'être de bonne humeur, je recevais des coups d'épingle qui ne me faisaient pas plaisir. Cela me faisait penser au jour que mon collègue Zaëgel m'avait dit... et c'était pour le service me concernant : « Monsieur Martin, avec moi, il faut se tenir à distance, c'est tout ce que j'ai à vous dire. » Je lui répondis que j'avais, moi, le droit de lui dire que le service exigeait qu'il soit à tel endroit, à telle heure pour remplacer tel collègue.

Je compris ce qu'il avait voulu dire. Attendant d'être nommé sous-chef parce qu'il avait un frère à la direction, il saurait, étant devenu chef de service, me faire sentir combien il était lourd.

Mais bête et vindicatif, borné comme la plupart des cheffaillons que j'avais connus, un autre, ressemblant à un sauteur de corde et qui faillit être jeté dehors pour dettes, sans que je lui eusse demandé quoique ce fût (mais cela ne pouvait venir que du clan d'Étienne dont il était un des admirateurs), me dit un jour : « Martin, il est inutile que vous en fassiez plus que les autres, vous avez votre bâton de maréchal ; travaillez ou ne travaillez pas, c'est équivalent. Au contraire, plus vous faites de service et plus vous êtes mal vu. Vous feriez mieux de ne rien faire. » Je ne répondis pas, car c'était inutile ; mais cela me donnait envie de rire au lieu de me fâcher. Sans le vouloir, il me servait de professeur, il me faisait comprendre ce qu'est l'homme qui se prête aux intrigues ; de telles taquineries sont le propre des hommes de mauvaise foi.

Ce même jour, le même individu, après avoir vidé plusieurs litres avec le chef et sous-chef, étant de retour au quai, et sans que je lui aie adressé la parole, me dit : « Pourquoi tant travailler puisqu'au besoin je serai nommé sous-chef avant vous ?» Cela me rendait perplexe d'autant que je savais qu'il venait de trinquer avec les intrigants.

Je finis par lui dire que, puisqu'il était bon pour faire le mouchard, il ne serait jamais bon pour être mon chef : pour me commander.

En effet, tous ces mannequins qui ne savent que faire le jeu d'un intrigant, que l'applaudir en toute circonstance, et surtout chez le marchand de vins, ne sont jamais capables de donner un bon renseignement à un homme dans le service ; ils ne savent que répondre évasivement. Néanmoins je ne faisais rien sentir, mais je voyais qu'Étienne, au lieu d'être un chef de manutention, s'occupant du service, n'était qu'un intrigant sur le quai, à la gare, à l'Inspection, à l'Exploitation, aux ateliers, à Bercy et partout où il passait.

Il connaissait toutes les recommandations et savait d'avance où il fallait frapper, se gardant bien de toucher à ceux qui avaient les reins solides grâce à des protecteurs influents.

Cet homme ne pouvait endurer autour de lui que ceux qui étaient de sa maison, et là il était à son aise. Il ne voulait pas que son troupeau soit commandé par d'autres que par ceux qu'il avait agréés, et M. Delsaux devait être son complice.

Un dimanche, étant de repos, je devais recevoir à dîner quelques parents et amis. A l'un d'eux je fis part de mon intention d'inviter Étienne. « Faites-le

dit-il… » Mais j'étais presque certain qu'il refuse-
rait.

Très amicalement je lui dis : « Monsieur Étienne,
demain j'ai du monde à dîner. Voulez-vous accepter
d'être du nombre… Mais dans aucun cas je ne voudrais que se soit un prétexte pour obtenir des
faveurs. »

Il me remercia et ce fut tout.

Malgré cela, si ce n'était pas l'un, c'était l'autre, je
devinais qu'ils s'occupaient trop de moi : je les gênais.
Étienne et Cⁱᵉ faisaient des efforts afin de me mettre
mal avec M. Delsaux, afin de ruiner mes espérances.

Le mal devenant chronique je vis que la maison
Étienne ne cherchait qu'à me débarquer, et pour
arrêter la haine de ces esprits vindicatifs que fis-je, je
demandai un congé pour me rendre à Cluny et je pus
avoir l'appui de divers personnages qui me permirent
d'aller plus loin. Je pus, malgré l'anthrax que j'avais
au bras, me rendre à l'Exploitation, avec une carte
pour me présenter, et une demande pour être
nommé sous-chef au premier emploi vacant.

Un de ces personnages qui était de Cluny aussi,
après avoir pris connaissance de ce que je lui pré-
sentais me dit : « Il faut faire passer votre demande
par voie hiérarchique » : mais il faut croire qu'il fit
parvenir une note à M. Deschamps puisque, à partir du
Iᵉʳ janvier 1904, je m'aperçus qu'il y avait quelque
chose de changé. Je n'eus plus de tous les cheffaillons
du quai que leurs bonnes grâces.

Voyant que je restais à 1.800 francs je commençais à désespérer, et j'allai trouver l'inspecteur de la gare, M. Reure ; ce brave homme me reçut, et comme j'étais bien noté il me dit : « Martin, vous avez les meilleures notes de tous les préposés de ma gare et vous serez nommé à deux mille cent francs, mais il y en a qui sont plus anciens que vous à mille huit cents francs.

— Qu'à cela ne tienne, lui dis-je. Si mes collègues ont eu mille huit cents francs à quinze ou dix-huit années de service, ce n'est pas de ma faute si je suis resté à mille cinq cents et mille six cents près de seize ans ; et pendant ce temps je faisais un bon service ; peut-être meilleur que le leur, et en attendant ils émargeaient à mille huit cents ou deux mille cent francs l'an, et moi qui ai vingt-huit années de service je suis toujours à mille huit cents francs. Certes, j'ose dire que ce n'est pas encourageant.

— Bref, me répondit le chef, il ne faut pas vous décourager. Vous serez nommé, attendez, vous pouvez compter sur moi. »

Voilà qu'un jour (c'était l'époque des grands arrivages) j'étais en surveillance au déchargement des primeurs. M. Berquet, chef de l'Exploitation ; M. Deschamps, inspecteur principal ; M. Reure, inspecteur et principal adjoint chargé de la gare ; M. Pierre et Étienne étaient sur le quai pour se rendre compte de la fièvre du déchargement. J'appelle cela fièvre, car c'était un plaisir de voir ce roulement. Me trouvant en présence de M. Berquet, ce brave M. Reure lui dit : « Voilà le préposé Martin qui désire être nommé à deux mille cent, c'est un bon serviteur, il a vingt-huit années de service. » Ce bon M.Berquet me donna une poignée de main en me disant : « Le 1er juillet il n'y a pas de nomination à deux mille cent, mais vous les aurez au 1er janvier 1905. » Ce qui fut fait.

En même temps, et en présence de M. Reure, je sollicite d'être nommé sous-chef au premier emploi vacant.

Tout cela était très bien et j'avais bon espoir en attendant.

Mais voilà ce qui arriva !... Le personnage dont j'avais l'appui moral était sous-chef de l'Exploitation : ce n'était autre que M. Desmur, ancien directeur des chemins de fer algériens ; il passa au service de la Direction pour y être nommé sous-directeur plus tard.

Je n'osais pas compter sans les intrigues de MM. Delsaux, Étienne, Maurin et Rouge, ces deux derniers employés à l'octroi, Maurin brigadier, et Rouge sous-brig... ; ... gens devaient bientôt me réduire à ...

Du reste la suite en dira long.

L'année 1904 se passa dans de très bonnes conditions, tout allait pour le mieux, mes espérances aussi, et mon autorité allait grandissant : lorsque les hommes avaient besoin d'un renseignement ils s'adressaient à Martin, et certes, eussent-t-ils été cinquante,ils étaient tous renseignés ; lorsque je croyais qu'un homme était embarrassé je prenais écritures et colis et l'homme continuait son travail. Chefs et sous-chefs ne voyaient pas cela d'un bon œil, M. Delsaux non plus, et que dirais-je du service du factage ? Lorsque je voyais un tel gachis dans les zones je ne me gênais pas pour faire sentir au chef, M. Bauchet et à ses sous-ordres que s'ils avaient affaire à Martin tout ne se passerait pas ainsi.

Ou bien ils ne répondaient pas, ou bien s'ils me faisaient l'honneur d'une réponse, c'était pour dire que je ferais comme les autres si j'étais chef,et peut-être plus mal. Je leur répondais avec assurance qu'il me serait impossible de faire comme eux. « D'abord je passerais sur vous tous, et M. Reure, M. Deschamps étant avertis, l'Exploitation, la Direction et le Conseil d'administration en seraient avertis en même temps. » Je leur répétais que si j'étais chef de l'Exploitation deux jours, je mettrais ordre à leur service et à celui du quai. Du reste j'aurais commencé par enlever chef et sous-chef du factage et ceux du quai aussi.

« Diable, comme vous seriez raide, disaient-ils ! — Moins que vous, répondais-je ; mais je serais juste, et les colis ne traîneraient pas dans les zones comme ils font par votre incurie, complaisance ou bêtise. »

Il faut croire qu'il y avait consultation entre eux,

il n'était pas difficile de voir, de sentir que ces messieurs auraient voulu que je me courbe devant leurs
exigences, que j'applaudisse à leur manière d'organisation qui n'était qu'erreurs sur erreurs, mais je ne me
gênais pas pour leur dire que je n'étais pas de leur
avis, et cela ne leur faisait pas plaisir, surtout qu'ils
se croyaient des personnages tandis que je n'étais
qu'un malheureux préposé.

Voici ce que me dit un jour un collègue et ami :
« Martin, si vous voulez être nommé sous-chef il
vaudrait mieux que ça vînt de M. Delsaux qui jusqu'ici vous a eu en estime : il serait préférable de
faire le mort, de laisser faire, car de concert avec
Étienne s'ils voient que vous prenez trop d'autorité ils
ne se gêneront pas pour vous faire du tort.

— Peu importe, répondis-je à cet ami. Si j'étais sous-
chef et chef plus tard il me serait impossible de les
imiter. » Ce collègue qui allait à la chasse avec
M. Delsaux était bien renseigné, il fut nommé sous-
chef avant d'avoir pris ma retraite ; mais avant de partir j'étais sous ses ordres et forcément il n'avait pas
beaucoup de pouvoir sur moi, mais vers la fin il ne
se gênait pas pour m'humilier, ce qui me força à lui
dire un jour : « Brunier, vous agissez comme un jeune
homme et je tâcherai de me rappeler de vous. »

Enfin, passons là-dessus, il voulait faire sentir
qu'il avait droit de me commander et ce fut la seule
cause qui me fit prendre ma retraite aussitôt que j'y
eus droit, alors que j'avais plus de dix ans de bon

service à faire encore si j'avais été nommé sous-chef et chef ensuite.

Les fêtes de Noël 1904 et du 1er janvier 1905 étaient finies et tout allait tant bien que mal, mais quelque chose de sourd, de rancuneux, de jaloux se tramait contre moi pendant que se vidaient des litres de vin blanc rue de Bercy, la preuve ne tarda pas à venir.

Le 28 mars 1905, j'étais de service de 6 heures du matin à 6 heures du soir ; il n'y avait pas de sous-chef.

Le chef Étienne s'étant absenté je n'avais pas à le contrôler, javais pris le nom des hommes de service sur mon carnet et tous étaient commandés, hors F... et M... [1].

La manœuvre passa à quai : et la machine attendait que le fourgon du train se fût déchargé, d'autant qu'on en avait besoin sous gare pour former un train.

J'étais prévenu par le sous-chef de manœuvre qu'il allait le retirer bientôt.

Il y avait dans ce fourgon 4 caisses pesant 1000 kilos et des petits colis ; lorsque je voulus inviter F... et M... à m'aider à décharger ces gros colis, F... était absent.

Aidé par M... je fis un effort pour vider ce diable de fourgon qu'on attendait, et j'eus la faiblesse de donner une note à M. Étienne, lorsqu'il fut arrivé, constatant une heure d'absence de F...

1. Filcarette et Macé,

Certes, je ne demandais pas qu'il fût puni, mais tout au moins qu'il lui en fasse l'observation.

D'après la réponse de mon chef, je compris ce qui s'était passé, et Étienne attendait l'occasion de me faire sentir que c'était lui qui était le chef.

Bref, je n'avais rien à dire : mais le même jour je reçus les ricanements de l'homme d'équipe F... me faisant sentir « même durement » que ce n'était pas la peine de le signaler d'autant que l'impunité lui était assurée.

Le lendemain 29, à deux reprises différentes, ce furent les mêmes railleries. Sans y répondre j'en fis part à Étienne qui fit le sourd...

Ce n'était pas étonnant ; il venait de trinquer avec ce F... et qui sait ? la veille, il avait fait de même, pendant que je déchargeais les colis lourds.

Ce que voyant, je me rendis au bureau de M. Delsaux qui était sans doute averti par Étienne pour expliquer le cas.

Ce chef extraordinaire, pour la première fois me dit que c'était toujours moi qui signalais des cas pareils, que des faits de ce genre n'arrivaient pas aux autres. J'aurais pu lui répondre que c'était impossible, d'autant que pendant que tous trinquaient, seul j'assurais le service sur le quai ; mais je m'abstins n'ignorant pas qu'ils disaient : « Va donc ! Martin est sur le quai. »

Bref, je dis à M. Delsaux qu'il n'ignorait pas que j'avais adressé une demande pour être nommé sous-

chef, et qu'il fallait que les hommes m'obéissent.
Mais au langage de M. Delsaux qui m'avait jus·
qu'alors soutenu en maintes citconstances, je compris que j'étais abandonné et ce... par les intrigues
d'Étienne. Sur son ordre de sortir de son bureau, je
fus obligé de lui faire cette réponse : « Monsieur Delsaux doit savoir que je ne suis pas homme à me
laisser enterret vivant. »

Il n'y avait pas de doute : M. Delsaux avait reçu
l'ordre de m'abandonner.

Et d'où venait cet ordre ?

Il n'est pas difficile de le deviner.

L'ordre ne pouvait venir que de Deschamps. Delsaux et Étienne étaient ses complices.

Donc, tout allait se précipitant, et le 16 avril suivant, M. Delsaux étant sur le quai, paraissant même
de bonne humeur, me dit :

« Martin, l'octroi ne marche donc pas », car il
voyait le comptoir encombré de colis pour la percep-
tion. Ma réponse fut : « Comment voulez-vous que
ça marche ? la première section a fait ou perçu
50 colis en trois heures. »

En même temps, je me rendis compte sur le carnet
de la compagnie que cette section avait imposé
65 colis postaux en deux heures quarante-cinq
minutes, au lieu d'en imposer 200 ou 300 si le sous-
chef de l'octroi avait été habile.

Le brigadier de l'octroi, M. Maurin, eut connaissance du fait. A ces gens-là il ne faut pas toucher

ni même en avoir l'air. A partir de ce jour, au lieu de se donner une poignée de main, ce fut entre nous un froid glacial.

M. Maurin attendait donc l'occasion de se venger.

Le 20 juin suivant, étant de service de jour et de surveillance à l'octroi, 10 colis charcuterie en 9 expéditions avaient été imposés et mis devant le bureau d'octroi pour la visite de Villejuif.

Il était donc midi dix minutes quand je mis le paquet de feuilles avec l'indication au crayon bleu (visite à Villejuif) à côté des autres écritures, afin que le commis qui avait l'habitude de les prendre fasse le nécessaire ; et je partis déjeuner.

Aux domiciles, ce jour-là, c'était un commis qui vérifiait les taxes et qui n'en avait pas l'habitude, d'autant que les feuilles de factage avaient été faites comme pour les colis ordinaires.

Quand vint l'heure où les facteurs reconnaissaient tous les zones, les caisses charcuterie manquaient et ils venaient les chercher devant le bureau de l'octroi.

Le sous-chef de l'octroi, M. Rouge, s'y opposa et à mon retour de déjeuner le préposé des zones vint me dire : « Martin, vous n'avez donc pas fait du Villejuif au train 3902 ? » Je répondis, que j'avais laissé sur le comptoir un paquet de 9 feuilles pour 10 colis, ignorant ce qu'avait fait le service des domiciles.

J'avais donc fait le nécessaire, mais le commis n'avait pas fait son office ; et les colis ne partaient toujours pas.

J'en fis part à M. Delsaux qui feignit de ne pas comprendre. Cependant, s'il avait voulu, la vérité n'était pas difficile à savoir ; mais il ne voulait sans doute pas que son commis soit responsable, il préférait, naturellement que cet incident fût imputé au service du quai.

Me trouvant au déchargement du train. M. Lejeune, fonctionnaire sous-chef de bureau vint me trouver en me disant : « Comment se fait-il que vous dites avoir fait des Villejuif, je viens de voir les écritures qui ne portent aucun renseignement pour la visite.

— C'est étonnant, lui répondis-je, vous n'avez pas bien regardé ou vous avez fait disparaître le double des écritures, ou vous l'avez enlevé à la gomme. Voulez-vous descendre au bureau avec moi, monsieur Lejeune, je vais vous trouver deux inscriptions au lieu d'une, même en caractères qui tenaient toute la feuille. » C'était donc bien visible.

Mais au lieu de descendre, il répondit : « Enfin, nous n'avons rien trouvé. »

C'était une sortie pour couvrir le commis fautif qui n'était autre qu'un compatriote, le commis principal Payen : ce brave n'y avait pas fait attention d'autant qu'il ne faisait pas ce service habituellement.

Ce Payen ne se doutait pas qu'il allait me faire un tort considérable alors que je n'y étais pour rien.

Un instant après, je me trouvais devant le bureau de l'octroi, en surveillance. MM. Maurin et Rouge s'entretenaient de cette affaire où il n'y avait pas de quoi fouetter un chat, et moi familièrement je voulus leur expliquer comment cela s'était produit.

Pour toute réponse M. Maurin me fixa d'un air farouche et me dit : « Vous ne savez pas ce que vous dites. »

Je répondis à M. Maurin que je savais ce que je disais aussi bien que lui, et mieux en cette circonstance ; que ma parole valait la sienne, et qu'au lieu de m'insulter il devrait regarder au-dessous de lui, que notre service était lié et qu'il n'y avait pas lieu de me faire sentir tant de mépris.

« Ma bonne foi, lui dis-je, vaut peut-être mieux que la vôtre. Oui, mais ces hommes se croient des dieux ! La vérité leur fait peur et surtout lorsqu'elle vient d'un petit. » Et l'intention de Maurin et Rouge consistait à me mettre cette niaiserie sur le dos.

Alors je m'approchai de M. Maurin et lui dis :

« Vous me faites des menaces, monsieur Maurin, mais agissez, je sais ce que vous voulez faire. »

Je savais qu'à l'Exploitation il y avait du changement, M. Desmur était passé à la Direction, mais je n'étais pas seul à le savoir.

Donc, M. Maurin alla trouver M. Delsaux et vit Étienne qui était de son avis, ils semblaient ne faire qu'une même personne, et je les vis se diriger vers la gare pour aller voir M. Reure, et sans doute M. Deschamps.

En outre, M. Étienne m'avait dit : « Vous ne devez pas ignorer que M. Maurin est un personnage à la gare et un ami de M. Deschamps, et que M. Reure ne voudra pas se le mettre à dos. »

Que leur raconta M. Maurin? Quel langage tinrent MM. Delsaux et Étienne? C'est facile à deviner.

Après le départ de M. Desmur pour la rue Saint-Lazare, M. Delsaux avait sans doute reçu l'ordre verbal de M. Deschamps qu'en aucun cas je ne serais nommé sous-chef.

M. Maurin avait sur le cœur qu'en présence de M. Delsaux j'avais fait remarquer que son sous-ordre n'avait imposé que 65 colis postaux en 2 h. 45. M. Étienne, que je gênais le plus fort, comme les deux premiers, était heureux de l'incident qu'il n'y avait pourtant pas à m'imputer ; et le soir, en trinquant ou en manillant il ne devait pas se gêner pour dire qu'il m'avait dompté et réduit à néant.

Le lendemain, 21 juin 1905, en arrivant à mon service je fus relevé de mon poste comme chef du carré ; et M. Étienne me fit même remarquer que c'était grâce à lui si je n'étais pas envoyé au départ.

Cet intrigant faisait semblant de m'avoir protégé, se figurant qu'il n'avait qu'à frapper du pied pour me faire disparaître. En effet, il pouvait me faire du tort pour le service concernant mes intérêts, mais c'était tout. Il ne se doutait pas que j'étais capable de lui survivre ; en effet, il ne devait pas tarder à être enterré pour toujours, et à ne laisser que le souvenir de son nom, qui fait le charme de mes Mémoires.

Ce même jour, j'allai trouver M. Reure afin de m'expliquer d'une façon précise, car cet homme me comprenait. Après m'avoir entendu très amicalement, ce brave homme finit par me dire : « Martin, obéissez, c'est pour l'intérêt du service. »

M. Reure n'avait pas besoin de me dire que l'octroi était une plaie pour la gare et que M. Maurin, qui en était le brigadier, devait avoir pleine satisfaction. Ces entraves, je les connaissais mieux que lui, ayant travaillé vingt ans avec les employés d'octroi.

Donc, je n'avais qu'à obéir et à assister à mon enterrement moral ; mais cela ne devait pas me faire mourir.

Afin que je n'assiste pas au spectacle de ce qui se passait chaque matin, M. Étienne fut heureux de me donner un service de 10 heures du matin à 10 heures du soir. Mais le jour même que je fus relevé de mon service de 6 à 6, j'eus le plaisir de voir Étienne et sous-chef, Maurin et Cie, la main dans la main, faisant la descente rue de Bercy, afin de trinquer comme s'ils avaient gagné une bataille. Là, je connus la valeur de ces hommes.

Enfin, je commençai mon nouveau service et six mois durant aucun ne m'entendit me plaindre, pas un mot, pas une conversation touchant à cet incident qui devait par la suite me faire perdre 150 à 200 francs de retraite. Quoique cela, j'étais loin de penser que je n'avais plus rien à attendre de la compagnie.

Fin 1905, le sous-chef Leleu devait prendre sa retraite, et voyant que j'étais écarté de la liste de ceux qui pouvaient le remplacer, je sortis de mon mutisme. Donc, je me rendis auprès de l'inspecteur principal, M. Deschamps, en lui disant que, malgré ce qui était arrivé, je comptais remplacer Leleu, étant le plus ancien d'âge et de service. Mais l'ordre de M. Reure, quand il m'avait dit : « Obéissez... » n'avait servi à rien.

La réponse de M. Deschamps me confondit. En effet, il m'apprit que, quand bien même je serais nommé, ce ne serait pas avec augmentation, c'est-à-dire à 2.400 francs l'an : « Du reste, ajouta-t-il, vous n'êtes pas fait pour commander, vous êtes trop violent.

— Monsieur l'Inspecteur principal se trompe, répondis-je, c'est que je ne suis pas assez intrigant, plutôt. Comment se fait-il qu'avant d'adresser ma demande pour être nommé sous-chef, j'étais bon à tout pour commander, le quai n'était pas assez grand pour moi et maintenant je ne suis bon à rien.

— Adieu, mon ami, me dit M. Deschamps.

Après m'être excusé de l'avoir dérangé, je quittai son bureau, bien persuadé qu'il avait oublié l'époque où il apprenait la philosophie, mais il n'avait pas oublié d'être vindicatif. Il n'avait pas oublié Lyon, pas même Villeneuve-Triage et il avait encore à cœur que j'étais retourné à Paris malgré lui.

Cette malheureuse année 1905 était finie, mais 1906 commençait.

Il y avait depuis quelque temps sur le quai un surveillant nommé Tougne. Cet homme passait la moitié de son temps dans le bureau des petits colis, au bureau restant, ou dans le bureau du chef de service dont il était le compatriote.

Des heures se passaient ainsi, et pendant ce temps, en plein hiver, je m'étais aperçu que des pièces de gibier disparaissaient du comptoir : pour la circonstance, je mangeais dehors et je veillais pendant que le gardien était au chaud. L'on ne pouvait rien dire puisqu'il était soutenu par le chef de service Castéran.

Mieux que ça, ce fameux Tougne avait le droit de commander pour le classement dans les zones au lieu de surveiller. Il avait la confiance et certes elle était bien placée. S'il prenait quelqu'un en défaut ce n'était qu'à l'instigation des autres qui le renseignaient sur ce qu'il y avait à faire.

Entre autre, antérieurement à cette date, alors que j'étais chef du carré, un collègue vint me prévenir que le préposé du bureau restant venait de lui dire qu'un colis avait été caché dans une brouette placée à côté du bureau et qu'il l'avait mis en lieu sûr.

Sans rien dire, j'allai au bureau restant et je dis au préposé Farce : « Où est le colis que vous avez trouvé sur la brouette ? — Le voilà, répondit Farce, c'est un colis valeur 250 francs. »

Je pris le colis en lui disant de ne rien dire, car sans doute on l'avait destiné à disparaître.

En sortant du bureau restant, et sans m'arrêter, je remis le colis dans la brouette et je me rendis aussitôt au bureau du chef de service pour lui demander s'il n'avait pas vu Tougne, afin de le mettre en surveillance.

Tougne était rentré au bureau des préposés pour se débarrasser de son sac, mais je l'invitai à venir chez Castéran, et voici le langage que je lui tins : « Il y a un colis dans une brouette à droite de la porte du bureau restant ; ce colis doit sans aucun doute avoir été volé.

Allez vous poster dans la vigie d'un des wagons ou fourgons qui sont autour, et vous verrez si quelqu'un vient le chercher. »

Tougne se rendit à pas de loup dans une vigie et de là se mit en devoir de surveiller le colis.

Il n'eut pas le temps de se refroidir, car peu après un employé venait chercher l'objet dérobé et se dirigeait vers la gare : mais il n'avait pas dépassé le petit entretien que Tougne lui mettait la main sur l'épaule en lui demandant ce qu'il voulait faire de ce colis.

La réponse était embarrassante ; et le voleur fut conduit au bureau du chef aussitôt.

Il fut révoqué et on ne le poursuivit pas, pour la raison que son père était un bon employé.

Et chose peu banale... c'était un de mes compatriotes. J'eus 5 francs de gratification. Tougne autant, et Farce 3 francs signé Deschamps. J'aurais préféré ne rien recevoir. Et voilà comment Tougne était adroit pour prendre les voleurs.

Le plus curieux, c'est qu'il avait obtenu que des trous fussent pratiqués dans les boiseries protégeant les zones afin de pouvoir mieux surveiller les facteurs.

Lorsqu'un jour il me fournit l'occasion de lui dire que s'il avait affaire à moi, c'était lui que je ferais surveiller, Tougne fit une drôle de grimace.

Un matin j'étais dans les zones pour faire classer les colis. Tougne s'y trouvait et empêchait que les hommes fassent ce qui leur était commandé.

Je lui dis aussitôt et sans prendre des gants : « Monsieur Tougne, occupez-vous de surveiller et laissez travailler les hommes d'autant que vous êtes incapable de leur donner le moindre renseignement sur le service qu'ils ont à faire. »

Qu'avais-je dit ?

Tougne s'avança vers moi me menaçant en paroles et par gestes : me disant, que si nous étions dehors il me ferait mon affaire.

Heureusement que je répondis en paroles et non par gestes : « Je n'ignorais pas, lui dis-je ; que vous êtes capable de tout ; mais faites votre métier de mouchard et laissez-moi faire le mien. »

Après cette affaire-là je ne partais jamais sans ouvrir mon sac, je craignais qu'un colis ou un objet quelconque y eût été mis et que Tougne me fasse arrêter en sortant. J'avais eu le temps de les étudier tous et je savais ce dont ils étaient capables.

Voici quelque chose de plus nouveau que les intrigues.

Depuis longtemps j'avais un ami avec lequel nous entretenions des relations suivies, soit partie de campagne ou en famille, soit quelque déjeuner ou dîner chez l'un ou chez l'autre. Enfin, tout allait bien ; mais cela ne plaisait pas à M. Delsaux qui dut le dire à son compagnon de chasse, et lui imposa même sans doute une rupture.

« Il faut absolument rompre vos relations avec Martin. C'est entendu qu'il ne passera pas sous-chef malgré moi, et si vous lui devez un déjeuner, invitez-le, ne serait-ce que pour lui faire manger une queue de morue, ce sera vulgaire, mais ne faites pas de dépenses ; et que ce soit fini, j'y tiens... »

Ce fut exécuté à la lettre, la suite fut bonjour ou bonsoir.

Il y avait quelque temps que je prévoyais cela, et je n'aurais pas dû accepter sa dernière invitation.

Mais pour mieux apprécier l'homme, pour assister à ce dernier spectacle j'y allai avec ma femme.

Je ne fus par déçu : je ne m'étais pas trompé, c'était la rupture finale imposée par Delsaux. Brunier donc s'exécuta. Plus tard, Castéran remplaça Étienne, et Brunier Castéran ensuite.

Autre bêtise d'un surveillant

L'irascible surveillant Bauchet était un jour près du bureau du chef de manutention, et quelques colis étaient reconnus près du comptoir de l'octroi.

Ayant besoin de me rendre au bureau du chef, je fis dévier un tricycle qui obstruait le passage afin de passer entre lui et la table à reconnaissance.

Sous ce tricycle, se trouvait un colis caoutchouc de la grosseur d'une casquette, et de couleur grisâtre. La roue passa dessus et que fit Bauchet? Prenant un air grave, comme un président de cour d'assises, il se courba, ramassa le paquet et me le présenta en disant : « Vous voyez, vous avez écrasé un colis. — Que voulez-vous, lui dis-je, c'est un petit accident qui peut arriver à tout le monde, je ne l'avais pas vu, et du reste il n'a aucun mal. — Enfin, répéta-t-il... vous l'avez écrasé et je vais signaler le cas. »

On aurait dit un fauve prêt à bondir sur moi. Outré d'entendre de pareilles sottises, je lui répondis : « Après tout il vaut mieux que ce soit le colis que si nous avions un pied écrasé. »

Comme il insistait avec des menaces aux lèvres je lui fis cette réflexion :

« Comme vous me paraissez avoir fait plusieurs descentes rue de Bercy, retournez-y, ou allez surveiller les zones et voir ce qui se passe sur le quai. Votre place n'est pas ici, fou ou ivrogne. »

Bouchet fit sur cet incident un rapport écrasant, formidable à M. l'Inspecteur. Je devais être foudroyé du coup, d'autant qu'il était le concierge de la maison où habitait M. Deschamps. Mais je n'eus pas de peine à en faire un plus simple, en l'envoyant aux colonies reporter le grain qu'il en avait apporté par mégarde.

Il faut croire que ces rudes coloniaux ayant le corps usé, leur esprit doit être fortement dérangé.

Il m'en donna la preuve ce jour-là et certes, Tougne, qui paraissait plus bêta, était moins abruti que lui.

Voilà les hommes, les organisateurs du quai, MM. Delsaux, Étienne et ses sous-chefs. M. Bauchet et ses sous-ordres, n'étaient pas seulement propres à faire de bons surveillants, et le service était commandé par eux, et les hommes obéissaient à ces ignares à qui l'on avait confié un service si important.

Il n'y avait qu'à juger et tirer l'échelle ensuite.

FRAGMENT D'UNE LETTRE ADRESSÉE AU CHEF
DE L'EXPLOITATION

Un jour, me trouvant dans le bureau du chef de manutention, par hasard le sous-chef du factage Finot s'y trouvait aussi, et il fut question du service du factage et du quai. Je l'avais belle pour dire mon mot sans bruit et sans cacher la vérité. Là-dessus M. Finot ne manqua pas de me dire : « Vous saurez, monsieur Martin, que notre service est très-bien organisé. Nos facteurs, qui font la première et deuxième tournées du matin, font aussi la quatrième, et celle-ci finie, à leur retour ils enlèvent les colis des bureaux de ville.

Rien n'est perdu, l'organisation est parfaite, infaillible, méthodique, pratique et économique.

—Diable, lui répondis-je, votre raisonnement est pire qu'un traité…, mais sur le papier ou dans votre idée.

Vous voyez tout beau dans votre service, monsieur Finot, et moi qui ne suis rien, n'étant pas intéressé, je vois tout le contraire.

Que voit-on dans les zones ? Les colis reconnus de la nuit. au lieu d'être livrés à la première ou deuxième tournées, à 2 ou 3 heures du soir je les vois encore, et s'ils partent à la troisième ou quatrième vos facteurs en retournent la moitié.

D'abord, que font vos facteurs quand il y a presse dans les zones ? Ils font un service déplorable, et cela sous vos yeux. Les titulaires que font-ils ? Ils prennent toujours les colis frais sachant qu'il y a des pourboires à recevoir, et de ceux qui sont en retard, ils n'en ont cure. Pour s'éviter de recevoir des reproches après avoir fait leur choix, ils laissent le reste pour les auxiliaires qui partent lorsqu'ils en sont commandés, et bien souvent ils ne partent pas du tout. Et vous dites, monsieur Finot, que votre service est parfait ?... que vos facteurs font la première ou deuxième tournées, la quatrième du soir et qu'à leur retour ils font un bureau de ville. C'est très bien tout cela, mais vous oubliez de dire que facteurs, cochers et chevaux font des tournées étonnantes ; que les colis restent dans leurs voitures après s'être promenés à Vaugirard, Grenelle, Auteuil, Passy, Les Ternes, Batignolles, Montmartre, La Villette, Belleville, Mesnilmontant et Charonne ! Les chevaux sont fourbus après de telles courses, et qu'ont fait facteurs et cochers ? Ils ont livré quelques colis et tout le reste retourne sur le quai. Au lieu que si vos facteurs partaient avec un chargement plus ou moins complet et qu'ils rentrent après la livraison vous feriez économie et d'hommes et de chevaux. Vos hommes s'en moquent, mais vos chevaux après de pareilles tournées pour ne rien faire ne sont bientôt que des lanternes.

Il faut donc beaucoup de temps à des chevaux frais pour se rendre à un bureau de ville ?... Que non pas. Et comme je vous l'ai déjà dit, si j'étais chef de l'exploitation pendant quarante-huit heures votre service, gigantesque sur le papier et dans vos cerveaux, serait brisé comme verre. Les fricoteurs auraient vécu et un service entièrement neuf surgirait comme par enchantement. »

J'avais donc tenu le crachoir assez longtemps sans être interrompu. Mais qu'avais-je dit ? Mes vérités écrasantes avaient porté. M. Finot était vaincu. Il était mort! Lui à qui sa conscience reprochait d'être le protecteur des fricoteurs, il fut obligé de démissionner ensuite.

M. Bauchet faisait semblant d'y voir: mais il protégeait son service, où ce n'étaient tous que des saints.

M. Delsaux était mort moralement, et tous ses sous-ordres se bornaient à obéir ou feignaient d'obéir. Ils voyaient le gaspillage et n'osaient rien dire. Il fallut donc que mes lettres démasquent et préparent la fuite précipitée de M. Delsaux et d'Étienne.

Le 1er juillet 1906. M. Delsaux par sa façon bizarre de commander les services était arrivé au point qu'il fut obligé de prendre sa retraite, de partir en faisant place à un plus actif, plus juste et moins hypocrite. Il était usé jusqu'à la corde, il avait une belle prestance, et c'était tout.

Avant son départ, quelques fidèles firent une collecte pour lui offrir un bronze d'art qui devait orner, le 3 mars 1907, son tombeau à Lunel.

Tu étais beau sans doute? mais tes intrigues orgueilleuses ne devaient pas t'assurer une longue existence.

Le remords t'a frappé au cœur!

Tu t'es rappelé que tu avais fait des victimes.

Tu les préparais et M. Deschamps leur perçait le cœur! Repose en paix, je te pardonne. M. Deschamps est condamné et comme toi, avant peu, il ne sera que poussière.

Vous deux, seuls vos 'intrigants vous regretteront. Vous emporterez dans la tombe de bien tristes souvenirs ! Vous entendrez les malédictions de ceux qui ne sont plus, qui ont disparu sans avoir eu le temps et les moyens de se faire entendre.

A quoi ont servi tes mesquineries, M. Delsaux? Elles ont servi à précipiter ta fuite, et préparé l'arrivée de M. Guigue.

Ce fut donc le 1ᵉʳ juillet 1906 que l'homme que je définirai d'un seul mot, l'homme intègre, qu'était M. Guigue, prit la place de M. Delsaux.

Sans être parfait (car bien certainement il avait des protégés, et certes, M. Reure et M. Deschamps lui en confiaient aussi), cet homme avait accepté ce poste avec l'intention de n'y pas rester inactif. Il devait remonter le moral de son service : mais ce qui le gênait le plus sans aucun doute, c'était le chef de manutention M. Étienne. Néanmoins, ce dernier dut se courber et s'incliner devant les observations de son chef direct.

Le temps passé n'était plus. M. Guigue n'envoyait pas, comme M. Delsaux, une estaffette rue de Bercy pour inviter M. Étienne à remonter pour prendre ses ordres, et jusqu'au 1ᵉʳ juillet 1907 Étienne put voir qu'il y avait quelque chose de changé.

Il savait que, un an avant, il m'avait donné un service spécial, sans doute par ordre de MM. Deschamps, Reure et Delsaux. La nuit j'étais au déchargement et le jour, c'est-à-dire de 10 heures du matin à 10 heures du soir, je faisais la reconnaissance sans m'occuper du service en général, vu que je ne devais pas commander comme par le passé, et cela n'était que pour m'humilier davantage.

Mais ces humiliations ne devaient servir qu'à hâter son départ.

Un jour, cependant, M. Étienne me fit une offre qui n'était pas banale.

Il y avait pénurie de sous-chefs et de préposés et à midi je devais commander le service jusqu'à son arrivée à 2 heures ; et « le soir de 6 à 10 vous aurez, me dit-il, Norgeot pour vous aider ».

— « C'est bien », lui répondis-je.

Mais après avoir réfléchi je fis part à M. Guigue de l'ordre étrange de M. Étienne.

« Comment lui dis-je ! M. Étienne me dit de commander le service et il me donne un tuteur ? Je n'en ai pas besoin, car j'estime que le quai n'est pas assez grand pour moi. Veuillez M. le chef de gare faire part à M. Étienne qu'il fasse commander son service par un autre que moi, ou bien je veux être seul. S'il fait cela pour m'humilier davantage c'est inutile ! »

Étienne comprit qu'il m'avait assez sacrifié, que ses intrigues m'avaient assez réduit : mais le tranchant de son glaive devait se retourner contre lui, mes lettres justificatives devaient faire connaître à M. Guigue ainsi qu'à M. Reure et Deschamps, même au chef de l'exploitation combien avaient été imprudents ceux qui allaient me priver de 150 ou 200 francs de retraite, alors que nul autre, mieux que moi, n'avait aussi bien pris les intérêts de la compagnie, des clients et du service. Je restai donc exposé aux intrigues méprisantes des amis d'Étienne, et chaque fois que l'occasion se présentait, ils ne se privaient pas de me le montrer, l'on aurait dit qu'ils voulaient le faire canoniser après sa mort.

Mais voici que le surveillant Bouchet voulait encore faire des siennes, il voulait me faire sentir qu'il était protégé par M. Deschamps.

Un soir, c'était le 7 février 1906, à 10 h. 40 et j'étais, comme je l'ai déjà dit, au déchargement.

Deux wagons du train 112 étaient au bout du quai et c'était peu pour occuper tout le personnel transi de froid, d'autant qu'il faisait un vent violent et glacial.

J'avais les oreilles en sang, et pour éviter de mettre un foulard j'allai chercher ma casquette à oreillettes pour me garantir de la bise en attendant le moment de m'occuper plus tard, j'aurais alors mis ma casquette de tenue qui était suspendue à un clou.

Que fit le surveillant Bouchet, lui qui avait une capote et un lourd manteau sur ses épaules; sans que je l'entende et que je le voie, il donna à un journalier l'ordre de prendre ma casquette et de la porter au bureau du chef de service,

Un instant après je voulus la reprendre, mais je la

cherchai en vain, elle n'était plus là, comme je m'informais auprès du chef, il me dit : « Je viens d'en voir une dans mon bureau, c'est peut-être la vôtre. C'est le surveillant Bouchet qui l'a envoyée par un journalier. »

En effet c'était bien ma casquette.

Vers minuit, étant dans les zones pour surveiller les hommes qui classaient des colis, je fis des reproches au surveillant Bouchet, en lui disant que de telles taquineries étaient bien méprisables.

Que lui, fagoté dans sa capote et son lourd manteau, il n'aurait pas dû s'occuper de ma casquette : et que si, momentanément, j'en avais pris une de ville, ce n'était pas son affaire :

Ce grotesque Bouchet le prit de très haut et me dit :

« Je vais vous mener au commissaire de police. » Ma réponse fut : « Pour un surveillant, vous êtes au-dessous de votre tâche. Vous en êtes même indigne. » Bouchet, furieux, me répondit : « Vous ne savez pas à qui vous avez affaire, je vais vous mener au commissaire de surveillance de la gare. »

Cela me disait tout simplement qu'il n'était qu'un mouchard, ou je n'y comprenais rien.

« Amenez-y les malfaiteurs, lui dis-je, mais auparavant reportez au Dahomey le grain de folie que vous en avez apporté. Est-ce d'avoir trop ou pas assez bu d'absinthe, je ne sais; mais en tous les cas vous êtes fou, ou bien un grossier et un malhonnête homme ! »

Quelque temps après il quittait la compagnie et je sus que celui qui lui donnait cette fièvre bestiale me connaissait depuis longtemps.

Bouchet était le concierge de Deschamps, sans doute il devait lui cirer son appartement.

Voilà les personnes aux tracasseries desquelles j'étais en butte à tous moments, tout cela ne venait que de l'encouragement que les chefs s'entredonnaient, tout en trinquant ensemble rue de Bercy, et combien ils auraient été contents si je leur avais fourni un motif pour me faire révoquer.

Mais avec de tels saints il fallait bien se tenir, à tout prix il fallait arriver au but tout en les méprisant; les jours s'écoulaient lentement, ils me semblaient plus longs que d'habitude, mais je commençais à compter les mois, et les jours ensuite.

Les fêtes de Noël et du 1er janvier 1907 arrivaient et le nombreux personnel fut averti que des gratifications seraient distribuées. Le personnel commissionné ne fut pas oublié, mais une partie des hommes d'équipe et même des plus intéressants le furent, ce qui produisit un certain malaise ; néanmoins, la plus grande partie d'entre eux reçurent 30, 40 ou 50 francs.

Les préposés reçurent 40, 50, 60 et 70 francs ; je fus du nombre. A qui fallait-il attribuer cette marque de reconnaissance? A M. Guigue sans aucun doute.

Mais l'élan était donné et s'il y eut quelques oubliés, ce vice disparut l'année suivante, car il ne devait pas y en avoir : hors les débutants, tous eurent par la suite 30, 40, 50 et 65 francs.

Par de nombreuses lettres adressées à M. Guigue, à M. Reure, à Deschamps, au chef de l'exploitation, les vices du service étaient mis à nu, la démonstration de la mauvaise organisation était faite, et certes, il faut croire que lorsqu'elle vient d'un petit, il doit y avoir des grincements de dents jusqu'au bureau de l'inspection principale de M. Deschamps ; s'il lui avait été permis de me prendre par les oreilles et de me faire passer par-dessus bord, il ne se serait pas gêné. Mais à ce moment-là, je n'avais peur ni de lui, ni de ses lieutenants, et bien moins d'un surveillant. M. Delsaux étant parti, de temps à autre, M. Guigue était distrait par mes lettres qu'il transmettait religieusement, mais il ne voulait rien savoir des suites et me disait :

« N'ayant pas assisté aux intrigues passées, pourvu que vous fassiez votre service, c'est tout ce que je demande. »

Lettre adressée à M. Deschamps, le 5 mai 1907.

Monsieur Deschamps,
Inspecteur principal,

Qu'ai-je donc appris, grands dieux ?...
La mort de mon ancien chef de gare adjoint, M. Delsaux, est survenue le 3 mars 1907.
Ma parole a été prophétique, alors que j'y croyais pas.

A son départ, j'ai dit : cet homme s'aime trop, il est trop orgueilleux de sa personne, en regardant la terre son ombre lui fait peur. Elle avait l'air de lui dire… : Ne sois pas si fier de ton corps ; ne méprise pas ton semblable ; sois plus juste, fais que les tiens soient les égaux des autres, à quelque chose près.

Veille à ce que ce ne soit pas toujours aux mêmes de peiner et que, s'il y a un moment de repos, de calme, de tranquillité, d'intérêt même, que ce ne soit pas toujours les mêmes qui en profitent. Regarde en face ta nombreuse famille : qu'ils soient grands ou petits ; si tu as des friandises, donne-les aux petits, aux plus jeunes : et si tu as des pièces plus ou moins blanches à distribuer, ne fais pas de différence.

Donnes-en à tous ! c'est le seul moyen d'assurer un bon service et de ne pas entendre des plaintes, des récriminations justifiées.

As-tu suivi l'exemple et les conseils que la terre te donnait, de ton ombre, puisque tu en avais peur. Non, tu restais indifférent.

Puisque tu n'as pas suivi les sages conseils de la nature, retourne d'où tu es venu, rentre dans l'ombre, dans le néant !

Que ceux qui t'ont fait hommage d'un souvenir aient le courage de se cotiser une dernière fois pour orner ta tombe d'une superbe couronne, je me ferai un devoir de verser mon obole et qui sait, si le hasard voulait que je sois de passage à Lunel, j'irais m'incliner devant ton tombeau, j'irais me recueillir en attendant de rentrer à mon tour dans ce néant ! dans ce monde nouveau.

S'il y a un Dieu, qu'il te pardonne.

S'il n'en est pas, sois pardonné encore.

Heureux mortels, qui pouvez faire du bien votre vie durant…, qu'attendez-vous donc ? Ne voyez-vous pas ce gouffre béant ? N'entendez-vous pas les sourds grondements du tonnerre? Vous trouvez que vous n'êtes pas assez riches, que vous n'êtes pas assez puissants.

Et la terrre de vous dire : vous ne savez qu'arrondir votre fortune, augmenter votre bien-être, et vous ne voyez pas le précipice, vous ne voyez pas que la terre s'ouvre pour vous recevoir.

Votre respecteux serviteur,

Gustave MARTIN
Préposé

M. Delsaux n'existait plus, mais il restait M. Étienne et son départ fut un soulagement.

Comme à M. Delsaux, ses fidèles, ses disciples lui offrirent un bronze qu'il emporta le 1ᵉʳ juillet 1907 avec le dédain du plus grand nombre.

Voici encore un cas qui mérite d'être cité, puisque M. Étienne était à la veille de partir.

Des hommes d'équipe et journaliers se plaignaient que le poste fût si mal tenu, mais ils n'osaient pas en faire part au chef de service par la seule crainte d'être renvoyés. Ils étaient donc obligés, pour prendre leur repos, d'aller au poste de l'équipe, mais lorsqu'ils en sortaient, ils n'étaient pas seuls ; ils emportaient de la vermine.

Un soir, étant au déchargement en surveillance, un groupe me dit : « Croyez-vous, M. Martin, que ce n'est pas abominable d'être obligé d'aller au poste pour prendre nos deux heures : et le matin de porter punaises, poux et morpions à sa famille. »

— Comment leur dis-je ? vous endurez cela sans en faire part au chef de service ou à Étienne.

Du reste, ajoutai-je, ils ont assez d'occupation pour leurs intrigues et de la propreté du poste, ils s'en moquent. Mais attendez, demain M. Guigne recevra une lettre et votre poste sera nettoyé.

Au reçu de ma lettre, M. Guigue fit désinfecter le poste où il y eut de nombreuses victimes.

Le même soir, je reçus les remerciements de ces braves gens. Ils ne se gênaient pas pour dire que si Martin avait été chef de service, ils n'auraient jamais eu tant de vermine au poste.

Enfin, il y eut M. Guigue.

N'attendant plus rien de la compagnie et pour ne pas assister à la fuite de M. Étienne, je voulus ignorer tout changement, et fin juin je partais pour aller visiter l'Italie en passant par Marseille : mon rêve fut accompli, car depuis longtemps ce voyage était en perspective, mais il faut du temps, de l'argent et du courage.

Malgré tout, j'avais obtenu des permis à plein tarif pour tout le parcours. Donc, combien je dois de reconnaissance aux grands chefs du P.-L.-M. d'accorder aux humbles ce qu'on ne donne d'ordinaire qu'aux puissants !

Pour la première fois, je voyais la Côte d'Azur, Nice et Monte-Carlo, et de bon matin j'étais à Gênes. Ensuite je vis Rome, Naples et Pompéi, Florence, Venise, Milan et Turin. La description de ce grand voyage a été imprimé dans mes *Souvenirs de jeunesse, Récits philosophiques et voyages* (août 1907).

Mais de tant voir, de beau et d'original, n'était pas un motif pour perdre un seul instant du temps qu'on m'avait accordé. Arrivant dans ces villes de bon matin, jusqu'au soir à la nuit sans arrêt je les visitais, sans éprouver aucune fatigue malgré la chaleur accablante. Toujours mon carnet en main, je ne pensais qu'à voir et à noter ; la faim, la soif n'étaient que secondaires.

Il y avait six jours pleins que je n'avais pas quitté mes souliers ; j'avais le corps anéanti par la transpiration. Mais mon plus grand soulagement fut, après avoir pris un peu de repos, de voir encore, et toujours du nouveau.

Cependant, après avoir tout vu, je me trouvais à Modane pour aller passer une journée à Genève ou aux environs, lorsque je rencontrai, sur le quai, un nommé Barbier qui accompagnait le train de Turin à Paris. Je lui fis part de mon intention et il me dit : « M. Martin, vous avez assez vu pour cette fois, allons trinquer et partons pour Paris, vous connaissez Genève et vous irez vous y promener un autre jour. »

A mon retour à la gare tout était changé et je ne devais plus revoir celui qui avait abusé de la confiance de ses protecteurs. Tout était bouleversé sur le quai, et quel soulagement !

Le désordre avait cessé en grande partie avec le départ de cet homme étrange : un calme relatif sui-

vait, et mon cerveau cherchait à s'élargir. L'occasion
était favorable, mais j'avais encore neuf mois à obéir
et c'est dans cette attente que je voulus voir encore
quelque chose de plus, que je voulus m'instruire
davantage avant de mourir.

Lequel de mes détracteurs aurait eu le courage de
faire ce que je fis ? Sans crainte d'être démenti, je
peux dire aucun.

Pour me délasser, je commençai à écrire. Ce fut
imprimé aussitôt : ma première brochure vit le jour.
Mais il n'y a que le premier pas qui coûte. Les autres
seraient-ils plus difficultueux, paraissant plus légers.

Voyage a Saint-Malo, Dinard, Brest, Lorient, Nantes, Saint-Nazaire, Tours, Blois et Orléans

Un voyage en Italie n'avait pas suffi à ce voyageur
aussi avide de voir qu'il était endurci à la fatigue. Il
fallait qu'il vît encore d'autres pays ; mais en France,
en commençant par Saint-Malo. C'est là qu'il eut le
plaisir de voir construire le *Pourquoi pas ?* que devait
presque immortaliser le grand voyage du Dr Charcot.

Le voyage était pénible ; car il fallait faire cette
longue tournée en bien peu de temps, et en famille.

Le 18 août, au soir, l'auteur, sa femme et ses deux
garçons partaient de la gare Montparnasse pour
arriver à Saint-Malo de bon matin.

Comme ils emportaient leurs provisions, avant

d'arriver, ils avaient allégé leur sac et étaient bien dispos pour visiter la petite ville entourée presque par la mer et défendue par de beaux remparts.

Nos voyageurs étaient heureux de courir de si bon matin sur les fortifications, de visiter la plage et à marée basse le rocher où se trouve le tombeau de Chateaubriand.

Ce curieux visiteur ne se doutait pas qu'un célèbre écrivain reposait sous ce granit.

Ne voyant aucune inscription, il fut contraint de demander à un marchand de souvenirs et de cartes quel était le personnage qui reposait sur ce rocher.

C'est Chateaubriand, dit-il, voici des cartes.

Le visiteur fut vite débarrassé de plusieurs objets qui le gênaient et eut vite fait d'aligner sur une des cartes les quelques vers que voici, et de les envoyer à un ami.

> Je cherchais un bourreau, un tyran, un géant,
> Et je trouve un tombeau au bord d'un lac immense.
> Sur ce roc isolé où est Chateaubriand ?
> Pour l'auteur du Génie[1], quel repos, quel silence !
> Ne doivent subsister que les esprits très forts.
> Mais les vils intrigants ? ils méritent la mort.
> Cette simplicité de l'auteur fait la gloire.
> Honte aux persécuteurs ! et voilà ma victoire.
> Pour ceux qui sont heureux en faisant un affront :
> Le fer est retourné, ils sont marqués au front.

Nos quatre bons drilles avaient assisté à la bai-

1. *Le Génie du Christianisme.*

gnade du matin sur la plage et les deux bambins s'en étaient payé sur ce sable fin. Une fois que les baigneurs furent partis, nos braves s'installèrent sur le sable et firent un copieux repas. Jugez donc : ils avaient trois poulets et autres victuailles, vin rouge et blanc, même du cidre, du café froid, une goutte de vieux marc, afin de bannir la mauvaise humeur d'un petit voyage sur mer.

Certes, il ne fut pas long : il ne s'agissait que de se rendre à Dinard. Une fois embarqués, la mer était tellement houleuse, que beaucoup de voyageurs regrettaient d'être sur ce diable de bateau. Il y avait de quoi, tantôt il était sur champ, tantôt debout, et les lames arrosaient les chaussures blanches. En même temps des cris perçants se faisaient entendre, ce qui n'était pas amusant. Bref, les voyageurs furent contents de se retrouver sur la terre ferme, et de visiter ce petit pays de délice.

Que de belles demeures, que de belles villas pour abriter les heureux, les fortunés de la terre !

La plage était garnie de beau monde, tous étaient charmés de voir les vagues battre les rochers et la soirée se passa ainsi. Le retour se fit encore par bateau et la journée se termina avec la satisfaction d'avoir vu ce petit et agréable Saint-Malo. Nos quatre voyageurs ne devaient pas coucher à l'hôtel, les voilà partis pour Rennes afin d'être de bon matin à Brest.

Cette ville est drôlement située : d'assez belles

promenades, de beaux forts, le coup d'œil de la rade est magnifique avec ses bâtiments de toutes sortes, sans oublier le vaisseau-école qui ne doit plus exister aujourd'hui ; *le Borda* n'est qu'un souvenir.

A côté du beau pont sur le bassin, non loin de l'arsenal, c'était un plaisir de voir manœuvrer les marins qui, certes, ne paraissaient pas avoir peur.

Heureux de cette agréable visite, il fallait voir encore les belles campagnes environnantes, puis Quimper et Lorient.

Le port et le bassin méritent d'être vus, ainsi que les grands chantiers où se construisent les bâtiments de premier ordre. Que de travailleurs dans ce vaste arsenal : la rentrée et la sortie de tout ce monde du travail méritent d'être vues. La ville est assez belle ; Jolies petites places et monument de l'enseigne Bisson qui se fit sauter ainsi que les corsaires qui avaient envahi son bâtiment. Un seul des siens fut sauvé et put rendre compte de la conduite héroïque de son chef à ses concitoyens qui l'ont immortalisé en lui élevant un monument ainsi qu'à Victor Massé.

La nuit vint et un bon repas à l'hôtel était bien mérité.

De bon matin, les quatre inséparables partirent pour Nantes qu'ils visitèrent dans la matinée.

Cette belle ville mérite d'être vue : beaux monuments, belles places et jardins, la Loire, le canal, les chantiers de construction, le pont transbordeur, etc., etc.

La soirée était désignée pour voir Saint-Nazaire et aussitôt arrivés la visite commença.

Certes, il n'y a pas d'aussi beaux monuments que dans certaines villes, ni statues, ni grands boulevards; mais il y a la simplicité, des bassins, la nouvelle jetée, construction récente qui permet l'entrée des grands bâtiments longeant l'embouchure de la Loire, au lieu de rentrer par le travers ce qui était impraticable aux colosses d'aujourd'hui.

Après diverses promenades ce fut l'obscurité, mais c'était pour se rendre à Tours et y arriver de bon matin. Quel plaisir de voir cette belle Touraine! quel pays superbe et que de belles campagnes!

A 5 heures du matin, nos intrépides parcouraient le boulevard Béranger et Heurteloup, visitant places, jardins, les bords de la Loire, le beau pont de quinze arches dont l'entrée est ornée d'un petit jardin où sont les statues de Rabelais et de Descartes et l'étiage indiquant les dates des grandes crues de la Loire, entre autres celle de la plus élevée, 1856. Les arches du pont avaient du mal à laisser passer cette vaste nappe d'eau.

Dans l'ancien temps elle ne pouvait pas monter si haut, d'autant que le quai n'était pas construit.

Ensuite, visite à la cathédrale, église mi-romane, gothique et orientale. Il y a de tout.

Aussitôt entré, le père, observateur, remarqua que le cintre de la voûte n'était pas en droite ligne. Faute grave de l'architecte ou de l'exécution du plan.

Cependant le chœur n'est pas en droite ligne avec la grande nef, il est déplacé d'au moins 50 centimètres à gauche au lieu que le côté droit est en ligne droite avec la grande nef. Quel est ce mystère? l'observateur n'était pas là lors de la construction.

Tours possède de beaux monuments, sans oublier la tour Charlemagne et la maison de Tristan l'Ermite, prévôt de Louis XI. Cette maison est singulière et vaut la peine d'être visitée; rien n'a été touché depuis qu'elle servait de lieu de supplice. Élevé à la hauteur d'un quatrième étage, l'escalier est original et difficile à monter, mais curieux avec ses petits réduits où l'on cachait ceux qui étaient destinés à être pendus, attendant les ordres du Plessis situé à deux kilomètres de distance et qui communiquait avec cette triste demeure par un souterrain. Les ordres étaient donnés par Louis XI ou Tristan selon le cas. Le pendu était exposé un ou plusieurs jours et retiré ensuite pour être précipité par la cheminée étroite qui partait du faîte de la tour et le malheureux s'abîmait dans le ruisseau qui se déversait dans la Loire. Le courant l'emportait comme un chien qu'on a noyé. C'était des assassins sans aucun doute, mais en employant un tel moyen l'exemple était bien donné, tandis qu'aujourd'hui pour les bandits on construit des prisons comme des châteaux. Il n'y manque que des Pompadours pour être complets.

A chaque exécution à la mode de ce temps, un gros

clou était planté à côté de l'endroit où était exposé le corps du pendu. Les clous existent toujours ainsi que le crochet d'environ 1 mètre de long dépassant le mur fatal ! C'est sinistre mais combien mériteraient d'y être exposés !

Six heures de course folle avaient suffi pour voir Tours, pour visiter ce qu'il y a de plus curieux et à 11 heures du matin les visiteurs partaient pour Blois.

Ayant déjeuné en chemin de fer, aussitôt arrivés, visite au château. Il en vaut la peine, mais si le farouche et inconscient Gaston d'Orléans avait vécu deux ou trois années de plus, il ne resterait rien de ce qui fait l'agrément des visiteurs.

Ce malfaiteur faisait démolir le beau pour reconstruire d'autres bâtiments qui ne valaient pas l'ombre de ceux qu'il abattait. Heureusement que la mort faucha à temps cet idiot, ce vandale.

Le visiteur peut voir là ces appartements sinistres, ces portes basses, ces superbes cheminées, cette fameuse salle où tout autour les boiseries creuses contenaient les poisons de la fameuse Catherine de Médicis. L'endroit où fut attiré le duc de Guise pour être assassiné, la chambre d'Henri III où il alla s'abattre, la place où le corps du duc était exposé alors qu'Henri III lui mettant son pied sur son visage dit... « Il est plus grand mort que de son vivant. » C'était en 1588, mais 1589 ne fut pas bien éloigné pour lui.

Le lendemain, son frère le cardinal était assassiné aussi dans le même château, à 24 heures d'intervalle. Le passage sombre et la porte basse se voient encore ; le visiteur éprouve un certain froid dans ces lieux de perversité. Il est vrai qu'en 1572 les protestants avaient été assassinés par ordre de la fameuse Catherine et des Guises : c'était donc tout naturel qu'ils expient leurs forfaits et Henri III devait, en 1589, subir le même sort. Dans la cour du château se trouve l'escalier, aile François Ier ; en un mot, c'est le plus beau. Le malfaiteur Gaston n'eut pas le temps de le faire démolir. La salle des États est superbe et d'un acoustique étonnant. Le musée renferme de beaux sujets en tout genre, heureusement, car les appartements d'en face sont nus. Aussitôt cette visite faite, et elle fut longue, les trop pressés firent une tournée en ville et partirent à 4 h. 10 pour Orléans. A 5 h. 28 les voilà arrivés ; débarrassés de leurs menus objets, ils partirent aussitôt pour voir les curiosités de la ville. Jusqu'à 8 h. 30, ce fut une fièvre de voir, en commençant par le monument de Jeanne d'Arc sur la place du Martroi, qui est splendide. Ensuite, la cathédrale qui est une des plus grandes que l'on puisse voir. Le visiteur ne voit que beau à l'extérieur, contrairement à beaucoup d'autres monuments qui sont masqués par de vieilles bâtisses qui en dissimulent les aspects. Celle-là, on peut en faire le tour, rien ne s'y oppose. L'intérieur est remarquablement beau ; il ne doit pas y en avoir une pareille en France, aussi vaste et d'un plan aussi bien conçu.

Le chœur qui est presque nu augmente la beauté de ses grandes lignes architecturales.

Par contre, les deux autels placés de chaque côté, sont merveilleux, ainsi que le tombeau de Monseigneur Dupanloup. Il y avait encore à voir une foule de petits monuments, et le nouveau pont qui est superbe, ainsi que les jardins et la belle promenade ombragée devant la gare. Ce boulevard Alexandre Martin est digne d'Orléans. Les gens fortunés peuvent s'y plaire ; la ville est belle et les belles campagnes qui l'environnent, et la Loire qui coule à ses pieds suffiraient à en rendre le séjour plaisant.

Ainsi finit ce voyage de quatre jours, fatigant peut-être, mais organisé de façon à voir beaucoup en peu de temps. Que de belles plaines, d'Orléans à Saint-Nazaire ! Le pays est ravissant.

Pour en finir, les quatres intrépides étaient, ce soir-là, rendus aux Aubrais à 9 h. 10 ; à 10 h. 45 ils arrivaient à Paris, et à 11 heures chez eux.

Mais quelle ne fut pas la surprise de la mère en entrant dans les cabinets de son cinquième étage !

Cela vaut la peine d'être raconté ; allons-y !

Avant de partir pour ce dernier voyage, la mère Martin avait été à la campagne et avait rapporté cinq poulets : trois avaient passé à la broche pour servir d'aliment aux quatre touristes à Saint-Malo ou Lorient. Les deux autres laissés vivants et libres dans les water-closets, attendaient notre retour : mais ils avaient fait bombance, de grain et de pain qu'on leur avait laissé. La boisson était presque intacte, mais les deux voraces avaient mangé si gouluement qu'ils en étaient morts sans avoir reçu les derniers sacrements.

En voyant ces deux cadavres, la mère Martin jeta un cri ! « Mes pauvres poulets sont morts... Ah ! les pauvres bêtes ! »

Le père lui répondit aussitôt. « S'ils sont crevés c'est de leur faute : il fallait qu'ils fassent comme nous, qu'ils soient sobres.

» Dans tous les cas nous nous portons bien, c'est tout ce qu'il faut. »

La mère Martin était tellement émue, qu'au lieu de ses deux poulets elle aurait préféré que ce fût son mari qui fût refroidi.

La voyant si fâchée, que fit le père Gustave ? Il embrassa sa tendre Pauline, croyant la calmer ; mais cela porta au comble l'exaspération de la bonne dame, et elle dit même quelques gros mots. « Sois plus raisonnable, continua-t-il, si nous ne mangeons pas les poulets, nous mangerons des pommes de terre. Il n'y a pas de quoi verser des larmes pour deux poulets que tu as perdus, et qui étaient destinés après tout à périr sous le couteau. »

Drôle d'observation

Le 26 novembre 1907, à 10 h. 30 du matin, tout le personnel était assis en attendant l'arrivée du train de messagerie 3902. Seuls, deux brigadiers travaillaient à charger un wagon pour Bercy.

J'étais sur le quai attendant les écritures dudit train lorsque, me trouvant près de l'endroit où des travaux étaient en exécution sur le quai, j'abordai le chef des travaux et l'entretien roula sur la nécessité de ce travail peu ordinaire et très coûteux. Je disais qu'un tel travail serait fait pour longtemps et que de vingt ou trente ans le quai n'aurait pas besoin d'être refait.

Le chef m'expliquait la façon dont ce travail soigné devait être fait ; et moi je voulus lui démontrer que parfois il s'en faisait de bien inutile ; qu'en outre, étant à Perrache, j'avais vu faire un travail analogue, mais qui avait eu une suite originale. A l'époque où j'y étais, les wagons ou voitures à voyageurs étaient tournés sur plaques et poussés à l'épaule. Mais lorsque des nouvelles voitures furent mises en roulement, elles ne tournaient pas sur plaque, les essieux ayant trop d'écartement.

L'ordre fut donné d'enlever les plaques tournantes et de les remplacer par des chariots, c'était un cheval qui les traînait où il était nécessaire.

Ce système ne plut pas aux chefs Lyonnais qui préféraient les plaques ; ils aimaient mieux les hommes que les chevaux pour traîner ou pousser ce matériel.

Ils firent si bien que les chariots furent remisés et les plaques remises comme par le passé.

Après 1882, étant à Paris, je fus à Lyon pour quelques jours et je vis que les chariots étaient revenus.

« Tiens, dis-je, on a à nouveau enlevé les plaques ? »

Un ancien collègue me répondit : « L'ordre est venu de Paris et il a fallu s'exécuter. »

« Ce n'est pas malheureux, lui dis-je, car vraiment ces cheffaillons ignares et incapables étaient heureux de voir les hommes pousser les wagons ou les voitures, au lieu de suivre le chariot, ou ne pas s'en occuper du tout. »

Sur ces entrefaites vint à passer l'Inspecteur Principal adjoint, M. Reure, qui ne trouva pas ma démonstration à son goût, d'autant que je parlais à haute voix, ne faisant pas d'éloges à l'adresse des chefs Lyonnais, en disant que ces hommes, incapables pour le service, qui veulent à tout prix empêcher le progrès, mériteraient qu'on leur tirât les oreilles.

M. Reure s'approchant de moi me dit : « Martin, allez travailler. »

J'aurais dû répondre qu'il n'y avait rien à faire, mais je répondis vivement : « J'obéis, M. l'inspecteur, j'ai encore quatre mois à le faire. »

Tout de même, ce que c'est que l'homme qui ne

vèut pas entendre la vérité, surtout lorsqu'elle touche les grands chefs! Les petits ont toujours le droit de se taire dans ce cas-là. Cependant, quand il n'y a rien à faire, l'on ne peut pas jouer au tric-trac sur le quai.

Si j'avais été dans la manche de M. Reure comme auparavant, ayant entendu la conversation, il se fût borné à en rire. Mais comme nous n'étions plus bien ensemble il se fâchait.

C'est très beau d'être inspecteur, mais de n'entendre parler que des mérites plus ou moins réels, de ces messieurs, est à la longue fastidieux. Il ne faut pas parler d'autre chose que de ce à quoi ils ont intérêt.

Et tous les chefs, jusqu'aux inspecteurs principaux, ne voient le plus souvent que leurs intérêts à eux, et le progrès les effraie. L'on dirait que c'est eux qui paient et qu'ils trouvent que les petits sont trop heureux.

En effet, la différence est grande en comparaison d'il y a trente ans, où l'on n'avait pas même le droit de voyager sur les autres réseaux.

Les hommes d'équipe n'avaient pas droit à un jour de congé avec solde.

Que les temps sont changés! Quelle progression! Le cercle trop étroit a fini par s'élargir et c'est bien à contre-cœur que les chefs médiocres ont vu les petits profiter d'un peu de bien-être. Ils auraient souhaité que tout continuât à être et à se faire pour eux; et la jalousie les étouffant, ils semblaient gênés de voir qu'ils n'étaient pas les seuls à profiter des temps nouveaux.

Paris, 22 décembre 1907.

A Monsieur Guigue,
chef de gare adjoint.

J'ai l'honneur de vous informer que chaque soir, M. Castéran, au lieu de faire zoner les écritures des trains 108 et 936, postaux étrangers et petits trains, les laisse s'accumuler pour le service de nuit, tandis que lorsque j'arrive à 10 heures, tout devrait être zoné ou en partie. Les trains 112 et 3818 arrivent alors et cela fait un méli-mélo à n'y rien comprendre.

Mais voici ce qui est le plus amusant :

Il est bien entendu que j'ai assez à faire pour dépouiller les trains et zoner les écritures du tarif général.

Lorsque les 3830, 3944, 3820 et 120 sont arrivés, il y a de quoi se remuer.

Or, ce matin, le paquet de feuilles de Montargis, contenant les caoutchouc, les halles, consigne et voiture spéciale manquant, j'ai envoyé Blancheton à l'arrivée du train 9-32 afin de les avoir le plus vite possible.

Pendant ce temps, je zonais les écritures au tarif général, mais les postaux restaient à faire. Le train 120 étant fortement chargé, Laurent était occupé de zoner les paniers qu'on lui apportait. Cependant, M. Castéran s'est avisé de dire en entrant au bureau : Comment? les feuilles ne sont pas encore prêtes, et le train est bientôt fini de classer ! Si nous ne pouvons rien reconnaître, je me charge de me débrouiller pour mettre le retard sur votre compte. Par exemple, les feuilles ne sont pas prêtes à cet heure-ci et le service de 6 heures va arriver. S'il y a du retard il vous sera imputé.

Il n'avait pas fini que j'étais debout pour lui dire en face qu'il n'était qu'un malheureux, incapable de zoner un bulletin postal ou tarif, et qu'au lieu de parler comme un fou, comme quelqu'un qui n'a pas sa raison, comme un incapable, il ferait bien mieux, en ces quelques jours de travail exceptionnel, aussitôt le 3120 arrivé, de mettre deux hommes pour zoner les postaux et de faire classer les feuilles par d'autres.

Je lui ai même fait sentir vertement qu'il quitterait la compagnie avec le peu de routine qu'il a apprise par la force des choses, et que dans huit jours j'apprendrais plus qu'il n'en apprendra aux chemins de fer en vingt ans. L'idée vive, embrassant tout un service, vous ne l'aurez jamais, lui ai-je dit.

Vous aurez la mentalité de vos devanciers, mais des idées neuves, point. Le service du zonage demande beaucoup d'attention et exige que l'on ait la tête bien à soi, d'autant qu'il arrive assez souvent que parmi 10, 20, 30, 40 50 bulletins ou plus, il n'y en a pas deux pour le même destinataire. Donc, les sorties, genre Castéran, ne peuvent que jeter le trouble au lieu d'activer le service. Pour quelqu'un qui a quelque connaissance en ce genre de travail, ces propos ne sont pas supportables ; ils sont encore moins flatteurs pour ceux qui l'exécutent.

Faites-lui-en part, M. Guigue ; heureusement qu'il ne peut rien faire contre moi maintenant ; s'il le pouvait, lui et d'autres, combien peu ils se gêneraient ! En tout cas, les compliments genre Castéran ne sont que méprisables ;

et les hommes tels que leur auteur sont indignes de commander le service.

Recevez, Monsieur le chef de gare, l'assurance de mon entier dévouement,

Gustave MARTIN
(Préposé)

P.-S. — Koëbel, lui..., a été plus intelligent. Cependant il connaît les intrigues, et il fut un moment que s'il avait pu me jeter par-dessus bord, il l'aurait fait. Mais maintenant qu'il est chef, ayant reconnu l'incapacité d'Étienne, il a compris que son sous-ordre était sans doute à certains égards au-dessus de lui. Il a deviné l'esprit de mes lettres et il faut qu'il répare de son mieux le désordre de ses prédécesseurs.

Mais, le pourra-t-il ?

Tant que M. Deschamps sera là, M. Reure s'exécutera, M. Guigue aussi, Koëbel encore mieux, forcé par la main de fer qui l'écraserait au besoin.

Quoique Koëbel n'ait qu'un reflet de ma volonté, qu'il en profite ; qu'il signale tout ce qui nuit à l'intérêt commun, qu'il se serve pour le seconder de l'amélioration qui est venue un peu tard pour moi : que ceux qui ont des années à maintenir sur le quai, s'ils ont un peu d'énergie, qu'ils le fassent voir. C'est là que l'on connaît les hommes.

Et ce n'est pas en intriguant comme le faisaient Étienne et M. Delsaux que l'homme se montre à hauteur de sa tâche.

Leur passage a coûté cher à la compagnie, aux clients, et aux subalternes qui ne leur plaisaient pas.

Gustave MARTIN

Paris, 23 décembre 1907.

Monsieur le chef de gare adjoint,

Enfin, M. Castéran croit-il en faisant classer les bulletins postaux par toquade, que le travail soit simplifié? que non pas.

Pourquoi, quand il veut que les postaux soient classés au plus vite, ne prend-t-il pas d'autres agents que ceux qui zonent Castéran ne changera pas les habitudes, ne lui en déplaise. S'il obéit à des ordres que je ne connais pas, que je n'ai pas à juger, il obéit à l'absurde ; il agit sans méthode, par à-coups, par saccades, et cela conduit à la désorganisation du service, ne fait que jeter le trouble. Comment voulez-vous assurer un service aussi important, avec un personnel insuffisant ? Mais cela mène à la déroute complète. J'aurais surtout voulu assister, dans les derniers temps de mes fonctions, à une organisation parfaite, car le personnel est capable de la réaliser.

Faut-il, malgré tout, remercier la température clémente qui assure tour à tour l'ordre ou le désordre.

Si Monsieur le chef de gare adjoint est dans l'impossibilité d'obtenir le personnel nécessaire, ce n'est pas M. Deschamps qu'il faut plaindre, ni M. Reure, c'est M. Guigue, c'est la marchandise confiée aux soins de la compagnie, c'est les clients lésés.

Le silence est d'or pour les uns !

Mais c'est la mort pour d'autres.

  Recevez, Monsieur le chef de gare adjoint, l'assurance de mon entier dévouement,

Gustave MARTIN
(Préposé

P.-S. — Si M. Castéran assiste impassible à tous les désordres passés, il a donc fait comme les autres, sans chercher à mettre ordre ni sur le quai, ni dans les zones. Donc, pas un n'a fait entendre sa voix, pas un n'a crié casse-cou. Ils se sont tous courbés sous les exigences, les ordres venant de M. Deschamps. Et devant ce maître tous s'inclinaient dans la posture de Clément VII à Rome.

Ce qu'il y avait de mieux, c'est qu'au lieu de faire exécuter le service normal, afin que tout se fasse régulièrement, ces indignes cheffaillons aussitôt le déchargement terminé envoyaient tout le personnel dans les zones pour classer les colis : et que faisaient les hommes qui bien souvent auraient eu droit de se reposer cinq, dix ou quinze minutes ?

Il est facile de le deviner.

En un clin d'œil les colis étaient distribués, mais les trois quarts n'étaient pas dans leur zone naturelle, et voilà tout le savoir-faire de Castéran.

Le travail se faisait en quinze ou vingt minutes, mais ensuite il aurait fallu deux heures pour le refaire et les facteurs ne s'y reconnaissaient plus.

Voilà le savoir-faire de ces cheffaillons, M. Guigue, voilà les réformes qu'ils sont capables de réaliser. Ils n'ont qu'à se terrer, se cacher et jusqu'à l'arrivée de M. Guigue tout se passait ainsi. Il a fallu que mes lettres portent leurs fruits, et que j'amène par la main celui qui devait connaître et faire sentir que les intrigues ne font pas les bons serviteurs, qu'elles ne font que des désorganisateurs.

Gustave MARTIN

Paris, 28 décembre 1907.

Monsieur le chef de gare adjoint,

M. Guigue ayant assisté un moment à la contestation qui a eu lieu entre moi et Castéran au sujet du service du zonage, et par suite de laquelle j'ai été surveiller le déchargement, j'ai l'honneur de vous faire part du petit incident de cette nuit.

A 4 heures, je surveillais les hommes au classement des colis dans les zones du grand carré.

Il n'y avait que cinq tricycles pleins et c'était bien facile à faire.

Depuis longtemps le surveillant Martin se tenait entre les zones et la table à reconnaissance, immobile comme une statue, on aurait dit qu'il montait la garde, qu'il se croyait encore au service de garde républicain, j'ai voulu lui faire remarquer combien sa présence était inutile en ajoutant que si j'étais chef, je l'inviterais à aller surveiller les endroits cachés, sombres, et les coins où le mal intentionné peut se dissimuler. Naturellement la réponse ne s'est pas faite attendre : « je n'avais pas à m'occuper de lui : c'était de la folie de lui faire une telle observation ». « Diable, lui ai-je répondu ; je ne crois pourtant pas avoir l'air d'un aliéné et je maintiens que si vous étiez un surveillant sérieux vous ne seriez pas là. Vous vous apercevriez que vous avez l'air d'un pantin. Il y a eu un surveillant qui s'appelait Furet et il était bien nommé, il savait se poster où il fallait, tandis que vous, vous ne savez surveiller que là où il n'y a rien à faire.

» Vous croyez donc être encore sous les ordres de feu M. Delsaux, et d'Étienne, quand le plus clair de votre

10.

surveillance, ainsi que celle de Tougne, consistait à trinquer en rond en prenant part aux intrigues. »

J'en ai fait part à Brunier afin de bien lui montrer le genre de surveillance de Martin. Cet inconscient profite de ce que d'autres sont devant les wagons ou ailleurs, croyant que sa présence est utile parce qu'en supplément ; son rôle est d'imiter son collègue, qui n'a jamais été mêlé aux intrigues, et surveille les endroits dangereux sans être vu. S'il voit que sa présence est utile il en profite pour se montrer, et aussitôt qu'il voit qu'il est de trop il sait se cacher à propos.

Ce surveillant est adroit, tout en rigolant ; tandis que Martin, tout en gardant un air sérieux n'en est que plus ridicule. Cela me rappelle Tougne, lorsque sans être surveillant, je surveillais le comptoir garni de gibier, et le carré, en mangeant dehors, en plein hiver, pendant que lui se tenait au chaud dans le bureau de Castéran, au bureau restant, ou au bureau des petits colis.

Figurez-vous, M. Guigue, que j'ai eu l'occasion de faire part à mon collègue Labelle que la réforme opérée par vous en ne faisant pas de déshérités avait déjà porté ses fruits ; qu'il n'y avait pas de tiraillements sur le quai comme les années précédentes. Sans qu'on ait à commander les hommes, lui dis-je, c'est à qui fait son devoir, voilà le résultat des gratifications bien distribuées.

Tandis que précédemment celui qui savait n'être pas du nombre des élus travaillait le moins possible.

Après m'avoir écouté, Labelle m'a répondu que c'était très bien pour les autres, mais que lui seul était déshérité au point de vue des gratifications.

Réparez cet oubli, M. le chef de gare adjoint, il a trois enfants. Moi j'en ai deux. Et s'il vous est impossible de le faire, j'accepte que les 65 francs que je dois recevoir soient partagés entre nous deux, même si vous le jugez à propos, supprimez ma gratification et donnez-la à Labelle. J'en fais le sacrifice.

Autre chose maintenant...

Voulez-vous, M. Guigue, que votre travail s'enlève comme jamais. Voilà le remède :

Pendant les quelques jours qui vont suivre, il y aura beaucoup à faire ; ne pourriez-vous pas faire le sacrifice de 1 franc par nuit et par homme, en faveur tant du personnel normal que des nouveaux embauchés et des journaliers ? Ainsi, en donnant peu, vous recueillerez un bénéfice vingt fois supérieur.

Est-il clair ce mode nouveau ? l'eau que je vous présente est-elle limpide ? essayez d'en boire.

Seulement, il faudrait que cela se fasse de votre autorité, et non de celle de M. Deschamps qui trouverait ce procédé trop moderne ; un millionnaire voit toujours avec regret un pauvre diable gagner 4 ou 5 francs.

Recevez, M. Guigue, car bientôt je ne pourrai plus vous appeler mon chef de gare adjoint, l'assurance de mon entier dévouement.

Le Préposé,
Gustave MARTIN

Paris, 6 janvier 1908.

Monsieur Reure, Inspecteur principal adjoint chargé de la gare.

J'ai l'honneur de vous informer qu'ayant atteint cinquante-cinq ans le 2 janvier, je désire que ma pension de retraite soit liquidée.

Certes, je me demande comment j'ai pu parvenir à cet âge au service de la compagnie.

Cette période de trente et un ans et cinq mois ne me laissera pas un souvenir banal, d'autant que j'ai toujours été forcé de faire durant ce temps le contraire de mes idées, et de mes préférences ; et le plus dur pour un homme comme moi, c'est d'être obligé de suivre le courant des intrigues. Si mes chefs, à Lyon, n'avaient pas mis obstacle à ce que je désirais, je n'aurais sans doute pas assisté à tant de changements de service, à tant d'accidents imprévus : je n'aurais pas enduré tant de déboires. J'ose même dire que peu auraient pu supporter les attaques contre lesquelles j'ai eu à me défendre.

Il m'a fallu une force de caractère au-dessus de ce qu'on appelle l'ordinaire pour arriver à avoir une modeste pension. Depuis le commencement jusqu'à la fin je n'ai eu que déboires et c'est encore heureux que j'aie pu surmonter tous les obstacles que la vie impose et remplir les devoirs mal établis qu'une situation subalterne force d'accepter sans restriction aucune. Cette vie de travail et de labeur est la règle fondamentale, mais combien peuvent en sortir avec honneur ? Peu, car la plupart s'ils ne succombent pas, ont du mal à se dégager des intrigues et de la perversité. Combien sont nombreux ceux qui étant jetés à l'eau, au lieu de nager se laissent couler à pic, n'essayant même pas de lutter contre les flots.

C'est donc très heureux quand d'un effort vigoureux l'on remonte à la surface, et surtout lorsque cet effort s'est trop souvent renouvelé. Avais-je raison de démasquer tant de vices, tant de stratagèmes, tant d'hypocrisie, et tant de désordre ? Mes lettres ont été comprises, et j'ai pu pour la dernière fois assister au triomphe de ma cause, à l'écrasement des fricoteurs et des désorganisateurs !

Avais-je raison de démasquer ces hommes qui ne

savaient qu'assister au désordre, ne trouvant rien pour y mettre un frein?

Ce n'était pas par des gratifications qu'il fallait soutenir ces incapables, mais bien par des révocations retentissantes à l'adresse de Bauchet et ses sous-ordres, de feu M. Delsaux, Étienne et compagnie, qui les soutenaient.

M. Reure était obligé d'obéir, étant sous la férule de M. Deschamps, le plus coupable de tous.

Depuis trente et un ans je le connais comme inspecteur principal ou adjoint, et qu'a-t-il fait pendant ce temps ?

De sa nombreuse famille il n'a su faire que des mécontents, hors ceux qui à tout prix auraient dû recevoir ses bienfaits. Les autres ont eu le temps d'attendre et d'espérer.

Comparez-le à un père de famille qui, ayant des gâteaux et des friandises à distribuer, en donne à quelques-uns, tandis que les autres sont tenus à l'écart comme des bâtards.

Le sont-ils, pourtant? non, je pense, et la preuve certaine c'est que l'année dernière encore, quoiqu'il y ait eu de nombreux élus (au partage de la gratification) à la messagerie arrivée, ceux qui n'avaient rien, que pensaient-ils ? Ils disaient avec raison à quoi bon faire du zèle puisqu'on nous oublie et que les cheffaillons montrent l'exemple du désordre.

Cette année, la distribution était générale, l'organisation à peu près complète, chacun était à son poste et, si je ne me trompe, les hommes n'avaient pas besoin de commandement, chacun faisait sa besogne, et les chefs n'avaient rien à dire, au lieu de causer après avoir bu de nombreux verres.

De voir cela qu'y a-t-il de plus beau de plus logique !

Tenu à l'écart par la force des choses, c'est à n'en pas douter à Martin que revient cet honneur.

Dites, faites, tournez autour tant que vous voudrez :

jusqu'ici, sur le réseau, aucun n'a eu un pareil courage, et certes, ceux qui ignoraient qu'il y avait sur le quai un proposé peu ordinaire, ceux-là n'étaient que les fricoteurs, fainéants et intrigants.

J'avais demandé à être enlevé de mon service actuel et je n'ai pas été compris. Vous avez jugé que c'était trop tard. C'est très bien... Dans l'ombre je suis, dans le néant je reste, pourvu qu'il me soit permis de donner une preuve eclatante à bref délai, si oui ou non je méritais cette injure.

Que M. Deschamps se retire, car son triomphe sera de courte durée. La providence n'a pas voulu que sa race se perpétue. Que son million sur le réseau et des centaines de mille francs sur l'eau soient distribués à sa famille !

Le remords le poursuit : la mort le guette, elle ne tardera pas à le prendre, au grand plaisir de ses héritiers ; et le bronze que la compagnie et les siens lui offriront ne servira qu'à orner son tombeau, c'est la grâce que je lui souhaite, *amen* [1].

Recevez, M. l'Inspecteur principal adjoint chargé de la gare, l'assurance de mon entier dévouement,

Le Préposé,
Gustave MARTIN

P.-S. — A 11 heures du soir, sans peur, la main glacée et l'esprit froid, j'interroge M. Deschamps. Je lui demande s'il ne serait pas préférable qu'il disparaisse de la scène comme a fait M. Delsaux, afin de n'avoir pas à lire ou à s'entendre rappeler les souffrances morales que l'homme endure par moments. C'est aussi terrible pour l'oppressé que le persécuteur est féroce.

1. Ces paroles furent prophétiques, M. Deschamps devait disparaître en 1910.

Combien M. Deschamps a dû souffrir d'admettre pour la dernière fois tout ce qui est numéro, blanc, bleu, rouge, vert, jaune, de toute religion, de toute opinion, amis et ennemis... Mais est-ce un rêve ou une hallucination, de se faire l'idée fixe que Labelle et Seyves ont été privés de gratification et que, comme par enchantement, les cinq ou six pièces d'or soient tombées dans la poche du disparu Étienne.

Il faut croire que ce grand homme avait rendu des services éclatants? Mais M. Deschamps et autres se garderont bien de dire quels étaient ces services... A moins que ç'ait été en faisant le mouchard, tout en vidant des litres de vin blanc rue de Bercy.

Au cas que cette lettre trouve une petite place dans des Mémoires, il serait sans doute prudent que M. Margot, le chef de l'exploitation en prenne connaissance.

Gustave MARTIN

Paris, 28 février 1908.

On payait ce jour-là.

J'avais été désigné par mon ancien chef de Manutention, le nommé Étienne, pour faire le service de 10 heures du matin à 10 heures du soir, afin que je ne puisse plus être témoin de ses sorties extraordinaires. Je venais donc prendre mon service à 10 heures. Tout était en ordre et il n'y avait qu'à attendre qu'un train passe à quai. Ne pensant même pas qu'on payait, je vis mon collègue Braley tout joyeux se diriger vers la messagerie départ. En lui donnant une poignée de mains je lui demandai ou il allait. « A la paie, me dit-il. — Très bien, lui répondis-je, puisque je suis de repos demain j'y viens aussi. » Ce fut vite fait de me mettre en tenue et de m'y rendre. Au bureau du chef de manutention à la messagerie départ, se trouvaient des commis et des préposés, quelques paroles joviales furent échangées en attendant que ceux qui étaient dans le bureau fussent payés.

L'idée me vint de dire... « Tiens, puisque vous êtes six commis et nous quatre préposés, vous aurez la préférence: passez devant et nous vous suivrons. » Mais qu'arriva-t-il? Étant entrés et les six commis payés, ce n'était plus à notre tour. Voilà que le chef d'équipe de la gare en civil entre [1] et s'avance aussitôt pour être payé. Je le pris par les épaules en lui disant : « Comment, pédant, tu te permets de vouloir être payé avant nous, et pour quelle raison? parce qu'on t'attend pour faire la manille? mais nous, nous sommes de service. Mais voilà, parce que tu es cheffaillon, que tu as obtenu cet emploi non par tes capacités, mais à force d'avoir payé des verres à tes chefs, parce que tu as un bel imperméable, de beaux souliers jaunes, tu te figures avoir le droit de nous mépriser et de nous passer sur le corps! Mais cela est digne de quelqu'un qui prend les autres pour des va-nu-pieds alors que lui-même n'est qu'un bâton bien habillé, un mannequin ! »

Voilà que le commis chargé de feuilleter le cahier de solde trouva cela gênant et me dit : « Vous ne devez pas venir ici pour faire du bruit. »

Je répondis aussitôt que nous ne venions pas à la paie pour être méprisés par un chef d'équipe : « On dirait un personnage et c'est peut-être un crève la faim !

» Du reste, ce n'est pas parce qu'il a 2.400 francs qu'il doit exiger d'être payé avant nous, au contraire, ceux qui gagnent moins en ont autant besoin, si ce n'est plus que lui ; ils doivent tout au moins passer à leur tour. » Il faut croire que la conversation intéressait le payeur puisqu'il jugea bon de ne rien dire et moi je n'avais pas envie de me

1. Il s'appelait Coudert.

taire. Du reste, continuai-je, si j'ai bonne mémoire je dois rappeler un souvenir. Voici l'histoire :

Il y avait dans le temps, sous le hall des voyageurs, un individu qui, étant plus souvent avec son chef chez le marchand de vins qu'à son service, avait par ce moyen obtenu des galons : mais cette recommandation était coûteuse et un jour il eut la malencontreuse idée d'adresser une demande de secours par voie hiérarchique et son chef était intéressé à ce qu'elle aboutît.

Il remit donc cette demande à l'inspecteur de la gare, M. Regnoul, qui avait connaissance de ces petites intrigues fit appeler le *quidam* pour lui dire : « Comment, vous êtes toujours chez le marchand de vins, et vous avez l'audace de m'adresser une demande de secours... Sortez d'ici. »

Il ne se le fit pas dire deux fois et se sauva, tout en se grattant l'oreille.

Qui était-il cet Olibrius, ce malotru, c'était mon compatriote, né à Berrias. Si c'était toi je le regrette de tout mon cœur. Si s'en était un autre j'en suis plus que satisfait, mais très étonné en même temps.

Ceux qui entendirent ce petit discours se firent une bonne bosse de rire et principalement le payeur.

Tout ce que trouva à répondre ce pédant ce fut : « Pourquoi vouloir écouter un fou ? »

Oui, mais un de mes collègues lui répondit : « Ce que Martin dit est vrai, et je crois que le fou et le pédant n'est autre que le chef d'équipe de la gare de Lyon-Paris. »

Gustave MARTIN

Paris, 24 mars 1908.

Monsieur Mauris,
>   Directeur de la Compagnie P.-L.-M.

J'ai l'honneur de vous informer que votre serviteur, le préposé à la manutention, Martin Édouard-Gustave, est admis à prendre sa retraite le 1ᵉʳ avril prochain (ce qui n'est pas éloigné). Cette modeste carrière de trente et un ans et cinq mois devait, d'après ma demande, finir ailleurs que sous les ordres de M. Deschamps. Je l'ai sollicité croyant que ma demande serait prise en considération.

N'ayant pas obtenu de réponse, je sollicite maintenant que cette période orageuse se termine en voyage.

Par la bienveillance de mes grands chefs j'ai obtenu des permis pour faire un voyage gigantesque. Merci de cette marque d'estime, monsieur le directeur ; un travailleur tenace ne peut qu'en garder un précieux souvenir.

Mais comment s'y prendre en si peu de temps pour faire une telle tournée, puisque la nuit du 23-24 je serai encore de service et que le lendemain je dois être à Nancy, ensuite à Strasbourg pour aller de là à Metz, Trèves, Cologne, Aix-la-Chapelle, Berlin et Postdam, Hanovre, Liége, Anvers et Bruxelles.

Est-il possible de faire un tel voyage et de revenir pour reprendre mon service. Je ne le crois point. Je crois même que c'est infaisable.

Ce long voyage, qui doit achever la transformation de l'homme, ne lui permettra pas de reprendre à nouveau son collier de misère.

Assez de souffrances morales, assez d'humiliations ; il faut qu'il y ait à tout cela une fin.

Aussi, je prie M. Margot, chef de l'exploitation, monsieur Mauris, directeur de la compagnie, de juger s'il y a lieu de m'accorder la faveur de finir mon temps à Berlin. Si

j'éprouve ce désir c'est que j'ai beaucoup souffert moralement, tant à la compagnie que dans mon intérieur: et
dans le malheur mon caractère, ma volonté ne se sont
jamais affaiblis. Aux affronts, j'ai toujours répondu par le
travail sans me décourager. Si j'ai eu le courage de
demander à être nommé sous-chef, c'est que je m'en sentais capable. Je ne demandais qu'à être mis à l'épreuve,
alors que j'étais noté pour cela faire par feu M. Delsaux
et par M. Reure.

Qu'est-il donc advenu pour qu'une telle réaction s'opère
si brusquement ? Bien facile de le deviner. Sous les ordres
de MM. Deschamps, Delsaux et Étienne il ne fallait pas un
homme d'énergie.

Jusqu'à l'arrivée de M. Guigue, hors MM. Bérard et Lagé,
il n'y avait eu que des chefs et sous-chefs obéissant au
doigt et à l'œil : mais toujours contre les intérêts de la
compagnie, des clients et des sous-ordres.

Eux, c'était tout. L'anarchie venait du bureau de M. Deschamps, Delsaux, Étienne et Cie, pour mieux faciliter leur
tâche il aurait fallu les promener sous un dais et les
encenser. Tout voir et ne rien dire sur le gaspillage étonnant du quai, qui était encore bien plus grand dans le
service du factage.

Personne n'osait élever la voix, ou c'était la mort morale.

Un tiers du personnel intriguait et était couvert de façon
que personne n'avait le droit de le commander.

L'autre tiers avait aussi tendance à imiter le premier et
ne valait guère mieux. Le dernier qui travaillait sans se
livrer aux intrigues, qu'il y ait des chefs ou pas, s'il y avait
des responsabilités à endosser, c'était lui qui les récoltait ;
c'était toujours ce groupe qui travaillait le plus conscien-
cieusement.

Donc, pour la plupart des hommes, et surtout pour
ceux qui trinquaient avec les chefs, les préposés n'avaient
pas le droit de les commander sans s'exposer à recevoir

des insultes, ou des reproches qui les frappaient au cœur. C'était écœurant et combien humiliant. En de telles occasions je ne me gênais pas pour faire sentir et entendre surtout que si j'étais sous-chef ou chef de service la désorganisation aurait vécu. Mais ce qui faisait ouvrir les oreilles et prêter attention à ces chefs d'intrigues, qui se gardaient bien de répondre un mot, c'était lorsque Martin leur disait en ayant l'air de rire :

« Il faudrait que je passe à l'exploitation quelques jours seulement pour mettre au pied du mur les mauvais maçons de la messagerie arrivée et pour transformer le service pourri du factage. »

Il faut croire que ces vérités gênaient beaucoup les habitués du gaspillage, puisque le service de la manutention et le chef Delsaux, y compris le service du factage et, pour comble... deux employés d'octroi, se mirent de la partie pour me décrier, pour me jeter à l'eau ou me faire déplacer s'ils avaient pu.

Heureusement qu'il leur était impossible de me faire révoquer ; sans quoi... jamais hommes n'auraient été si heureux. Cependant, M. Reure me connaissait et il n'était pas à la merci de ses subtils intrigants ; mais M. Deschamps tenait l'épée de Damoclès, et M. Reure était sous ses ordres.

Leur férocité éclata comme un orage, et j'appris à connaître la valeur de ces misérables, et surtout celle du brigadier Maurin et de son sous-chef tout rouge. Ces hommes se figuraient qu'il n'y avait qu'à se concerter, à frapper du pied pour me faire disparaître. Mais plus ils voulaient m'éloigner et plus je me rapprochais d'eux, et plus je les dévisageais sans peur.

Ce malheureux service de la messagerie arrivée ne devrait pas connaître la gêne si le service était bien distribué. Cependant, des deux services liés ensemble il y en a un qui est toujours repu et l'autre toujours anémié... à moins qu'il ne se procure d'autres ressources je ne sais où...

N'est-il pas criminel, qu'à la bonne saison les facteurs gagnent de 300 à 1000 francs par mois sans leurs appoin-tements, et que les préposés, les brigadiers et les hommes d'équipe soient obligés de leur préparer les colis prêts à être chargés, sans avoir droit à une légère rétribution. Cependant, les hommes fatiguent énormément : surtout à la saison chaude. En ce cas, ils se refroidissent aux courants d'air s'ils ont une minute de repos. Et l'hiver, pendant certains moments, pour ne pas avoir froid ils travaillent sans arrêt. Mais les facteurs et leurs aides, lorsqu'ils n'ont rien à faire, ne restent pas au courant d'air, l'été ; et l'hiver ils vont se mettre au chaud rue de Bercy, et ils ne remontent qu'à propos. Alors, le morceau est prêt à avaler, quand bien même ils n'auraient pas de dents, la digestion peut s'en faire facilement pendant que les pauvres malheureux sont anéantis de fatigue sans avoir droit au confortable que se donnent les facteurs et leurs aides. Les brigadiers viennent de Bercy et emportent 7 ou 8 francs chaque matin.

Ceux du quai regardent, et réparent leurs forces à leurs frais, au lieu que les facteurs et leurs aides arrivent sur le quai avec des figures à faire envie et les autres se tiennent à peine debout.

A quoi ressemblent ces braves gens ? Sans crainte d'être démenti, on peut les comparer aux chevaux du factage, qui doivent être changés le plus souvent possible, mais afin de faire ressortir que, s'ils sont usés, les chefs ont fait des économies, ils parcourent les extrémités de Paris sans rien livrer bien souvent.

Faibles d'esprit, les économies de ces gens-là consistent, y compris les chefs de la septième division et tous les chefs de l'exploitation jusqu'à M. Deschamps inclus à coûter à la compagnie, au personnel du quai et bien plus aux clients, la somme ronde de 1 million par an. Donc,

M. Deschamps en a des crimes sur la conscience, ainsi que les petits chefs qui voyaient tout ce gâchis et qui n'ont jamais eu le courage de prendre l'initiative de démasquer ces vices, afin que le factage paie aux hommes qui classent leurs colis 2 francs par wagon complet. S'il y a 800 colis à 5 centimes, total 40 francs, à 0 fr. 05 centimes par deux colis, 20 francs. Il resterait donc 38 ou 18 francs.

Ce ne serait donc pas assez pour ces princes de la finance ? Veillez, monsieur le directeur. Et si le factage ne veut rien donner ; au lieu de les payer 1650 ou 1800 francs, donnez-leur 365 francs par an, et que le reste soit partagé entre les employés qui travaillent pour eux.

Soyez persuadé que les facteurs sont les ennemis les plus inconciliables de la compagnie.

Ils s'en moquent, eux, et c'est tout ! encore une fois, voilà la bonne saison bientôt, et les facteurs des Halles gagneront plus de 1000 francs par mois.

Avec cela ils peuvent payer leurs petits faux frais au lieu que les autres gagnent 4 francs par jour (et encore). Ce qu'il y a de mieux c'est que si les facteurs voient qu'un homme classe un wagon complet d'un client, vite, ils en font part au chef afin qu'il soit mis à l'écart de ce travail, ce qui le privera de toucher 1 ou 2 francs.

Moi, qui entendais le client sans rien répondre, qui voyais l'employé rester les bras croisés, je n'avais rien à dire du moment que le chef de service, principalement Castéran, défendait au trieur de classer un seul wagon ; et Castéran obéissait à qui ?...

L'ordre venait du factage et de Deschamps.

Ces hommes, plus féroces que le lion du désert, doivent exister, et les autres se faire aussi doux que l'agneau, ou disparaître. Ils doivent êtres gros, et les malheureux à l'état de squelette.

Bien mieux : les facteurs touchaient 50 ou 60 francs de

gratification alors que les hommes du quai touchaient peu ou rien.

C'est honteux ! Il y a quinze mois, un tiers des hommes se regardaient dans la glace ; il a fallu que je signale ces abus après avoir vu et entendu sur le quai tout en voyant les chefs fermer les yeux comme des innocents. Il a fallu que je commente l'état d'esprit de M. Deschamps, son mauvais vouloir.

Cependant, les braves gens qui font partie du Conseil d'administration votaient une somme ronde pour la première section. M. le directeur, et le sous-directeur ainsi que M. le chef de l'exploitation, combien étaient-ils heureux d'annoncer à M. Deschamps cette bonne aubaine.

Que faisait M. Deschamps ?...

Il trouvait que le personnel du quai était assez gras, qu'il gagnait assez, et il en renvoyait un tiers ou la moitié en disant que les plus méritants étaient récompensés et que les autres ne méritaient pas que l'on s'occupe d'eux. Certes oui, il y en a ? mais ceux-là sont connus ; mais d'autres l'étaient aussi, comme bons serviteurs.

Donc, les grands chefs avaient fait leur devoir. Seul, M. Deschamps avait l'âme assez dure pour traiter les subalternes comme des bâtards. A ceux qui se sont plaints, M. Deschamps a repondu : « C'est bien, l'année prochaine personne n'en aura. »

Ce dernier 1er janvier tous ont eu leur part du gâteau. Est-ce mes lettres qui ont atteint leur but, qui ont été comprises ? Est-ce le Conseil d'administration, directeur et sous-directeur, ou le chef de l'exploitation qui ont imposé à M. Deschamps de ne pas faire des mécontents ?

Dans tous les cas, ce système radical a réussi pour le bien du service, et pour la honte de M. Deschamps.

Avant l'arrivée de M. Guigue, vu le favoritisme ou la désorganisation, c'était impossible de se faire obéir, ou ce n'était que par l'énergie d'un petit nombre que le service se faisait ; mais d'une façon déplorable.

Chef et sous-chefs n'avaient aucun pouvoir.

Et comment pourrait-il en être autrement, ces gens n'ayant pas d'esprit, pas d'initiative, étant incapables d'embrasser d'un clin d'œil ce malheureux service.

Sans volonté et impuissants ils obéissaient, mais à un être qui ne savait même pas les commander.

Et les colis? comment étaient-ils traités? ils étaient écrasés, et combien prenaient la fuite.

Les facteurs prenaient ce qui leur convenait et les autres restaient dans les zones un, deux, trois ou quatre jours.

Pour les fêtes, ceux qui arrivaient pour être livrés pour la Noël l'étaient avant le 1er janvier ou après ; ceux du 1er janvier pour les Rois ; ceux des Rois deux ou trois jours après, et les clients, s'ils n'étaient pas contents avec ça, n'avaient qu'à venir sur le quai pour se rendre compte.

L'on aurait dit que les chefs, jusqu'à M. Deschamps compris, ainsi que le service du factage, prenaient plaisir à jouir de ce spectacle navrant.

Ces malheureux, par ordre ou incapacité, n'étaient pas seulement de force à faire balayer le quai au moment où cela eût été le plus nécessaire. Un ou deux hommes, commandés, auraient vidé les ordures, pendant que pour pousser un tricycle chargé il fallait deux ou trois hommes, et toute la nuit c'était ainsi. De jour, ils ne savaient faire enlever la crasse que lorsque le service en était compromis, ou quelquefois seulement après les fêtes.

Voilà les chefs éminents désignés pour commander un des plus importants services du réseau. Et que fallait-il faire pour transformer ce service de fond en comble?

Presque rien. Il n'y avait qu'à balancer les ignares, les favorisés, et à ne pas faire de privilégiés à la distribution du 1er janvier.

Le hasard m'a bien servi pour en faire la constatation.

Étant dans le bureau pour zoner, et Castéran voulant m'en imposer pour un service qu'il ne connaissait pas, j'allai au déchargement en présence de M. Guigue pour les fêtes de Noël et 1er janvier. Et là? qu'ai-je vu? Pas besoin de dire un mot, pas d'absent, tout le personnel à son poste et pas un ne bronchait. Le travail semblait se faire seul et s'enlevait prestement, alors que les années précédentes il fallait crier comme des sourds sans obtenir un résultat. Mais ce qui était le plus pénible aux travailleurs consciencieux, c'était de voir cette grotesque organisation dominant sur le quai et vous forçant à travailler avec des journaliers qui cachaient des poignards dans leurs poches.

Fallait-il rire ou pleurer, lorsqu'un homme venait me dire : « Monsieur Martin, ne cherchez pas dispute à un tel, il travaille avec un poignard en poche et ne se gêne pas pour le montrer. »

Que faisait le chef en telle occasion ?

Aussitôt que le factage demandait du personnel c'est ces gens-là qu'il mettait à sa disposition; et dire s'ils maniaient les colis? c'est là que passait leur fougue, mais ils gagnaient 2 francs de plus que les autres.

Cette lettre est la dernière : je juge même inutile de reproduire toutes les autres. Il suffit que celle-ci soit comprise. Que monsieur le directeur, ainsi que M. le chef de l'exploitation y veillent afin que la manne soit distribuée à tous. Et alors, c'est les hommes qui se commandent entre eux. Ce n'est pas un vain mot. Il arrive qu'on entende dire par un homme d'équipe à son collègue :

« Tu as reçu autant que les autres?... travaille. »

Que les temps passés ne reviennent plus. Que les faveurs ne soient pas pour Pierre ou Paul, alors que Jacques ou Baptiste passent leur temps et travaillent plus ou autant que les autres : et qu'à quinze ou vingt ans de service les uns ne soient pas à 1650 francs pendant que d'autres émargent à 1800 ou 2.100 francs l'an. Pour les brigadiers et hommes d'équipe c'est la même chose.

Que dois-je dire avec mes trente et un ans et cinq mois de service ! J'ai trois ans et trois mois à 2.100 au lieu que d'autres en ont dix ou quinze, et pour la retraite c'est appréciable.

Le savoir-faire de M. Deschamps a été de donner tout aux siens, et aux autres le moins possible.

On croirait qu'il se plaît à faire souffrir ceux qui ne sont pas intrigants, ou, alors de ne les augmenter que dans les trois dernières, ou dans la dernière année, ou pas du tout.

Voilà ! ce n'était pas gênant pour M. Deschamps ; certains devaient disparaître moralement : ils avaient la pierre attachée au cou et la noyade suivait. On n'en fait pas davantage pour les chiens qui ont cessé de plaire.

Mais dans le nombre, il s'en est trouvé un d'une vigueur exceptionnelle : il a pris la pierre d'une main et de l'autre, par suite d'un effort au-dessus des forces humaines, il est remonté à flot chaque fois, et s'est hissé sur la berge afin de pouvoir reprocher à son bourreau d'avoir commis un crime chaque fois qu'il avait essayé de noyer son plus fidèle serviteur, celui qui n'a su prendre que les intérêts de la compagnie et des clients, celui qui recevait les soufflets envoyés par les hommes aux ordres, qui était au courant des intrigues, celui-là, s'entendait dire : « Martin, vous avez votre bâton de maréchal à 1.800 francs, loin d'être nommé sous-chef vous n'arriverez pas à 2.100, c'est inutile de faire du zèle et de travailler comme quatre. M. Deschamps a ce qu'il faut pour vous empêcher d'arriver. »

C'est Étienne qui était au courant de cela alors qu'en intriguant rue de Bercy il m'envoyait les éclaboussures par ses apôtres.

Comment oublier de telles sottises, de telles insultes. Je me rappelle aussi de MM. Laboissière, Deschamps, Cantillon de Tramont, Coussieux et Briey, de Mouroux et Leclerc. J'oubliais le plus coupable...

Le néfaste facteur chef de Bel-Air.

Que de souffrances pour un seul ?

Si M. Deschamps croit en Dieu qu'il se cache le visage, s'il ne croit à rien qu'il rende sa croix, qu'il disparaisse, et qu'il meure !

L'épée de Damoclès est suspendue sur sa tête. Une mort violente, foudroyante, sera le prix de son œuvre. S'il y a un créateur, il n'a pas voulu que cet homme ait le bonheur de voir un des siens à son lit de mort. Cette consolation suprême lui sera refusée. Il n'aura pas l'occasion de voir un seul de ses enfants dans son agonie.

Aucun enfant ne pourra entendre les dernières paroles de ce mourant. Cet homme devait disparaître en 1910.

La vie administrative est ainsi faite. Si M. Deschamps, au lieu de s'en rapporter à ses sous-ordres, s'était rendu compte par lui-même, il aurait épargné à beaucoup bien des souffrances morales, en n'écoutant et ne signant pas de faux rapports n'ayant pas l'ombre de la vérité. Par ce moyen, M. Deschamps trompait l'exploitation, la direction, le conseil d'administration et le ministre. Quoique M. Deschamps soit un puissant financier, la compagnie paie intérêt et dividende à lui ou à celui qui sera son héritier.

Le P.-L.-M. est un petit État dans le grand et cet état appartient au public, et M. Deschamps n'a pas même le droit d'en enlever un rail sans le consentement unanime des autres intéressés !...

Pourquoi avoir été si cruel au personnel travailleur ? Un bon conseil produit plus d'effet que la brutalité pécuniaire. J'ai eu la douleur, ainsi que bien d'autres, d'en faire la constatation assez souvent. J'ai même le cœur navré d'être obligé de rappeler de tels souvenirs.

Pour en finir, je cite deux cas concernant les arrivistes. Aux grands chefs de les juger.

Il y a quelque temps, un favori, placé pour se faire 2 ou 3 francs de pourboires par jour, était nommé préposé à cette même consigne, et peu après le départ de M. Delsaux à 1.800 francs.

Quels étaient donc les services rendus à M. Delsaux pour mériter cette faveur à dix ans de service, alors que moi-même j'ai stationné près de seize ans à 1.500 et 1.650 francs?

A moins que l'arriviste Crégu soit désigné pour être nommé sous-chef à bref délai ?

J'espère bien que le successeur de M. Deschamps évitera cette honte au personnel du quai : et qu'on nommera quelqu'un qui a de la valeur pour entraîner les hommes par son exemple, et non pas quelqu'un qui est incapable de leur donner un bon conseil.

Ces intrigants doivent avoir vécu.

Je passe au deuxième cas. Celui-ci, plus âgé, a 1.800 francs, mais il n'est pas moins postulant.

Il y a quelques années, arrivait à la messagerie arrivée un préposé assez prétentieux.

Un matin, le sous-chef de service de nuit était parti, et le chef de manutention n'était pas encore arrivé, j'étais donc chef du service.

J'eus le malheur de commander ce préposé pour aller à l'arrivée d'un train de messagerie.

Celui-ci me répondit avec hauteur : « Vous saurez, monsieur Martin, qu'avec moi il faut se tenir à distance. »

Une telle réponse ne me surprit pas, surtout lorsqu'après information j'appris que le préposé Zaëgel avait un frère à la direction, et que lui-même était postulant sous-chef. Mais si son frère est méritant tant mieux ; tandis que lui n'est qu'un barbouilleur pour le service. N'ayant pas l'esprit entraîneur, au lieu de donner un conseil aux hommes il serait heureux de les faire poignarder par derrière. Il est aussi comme le loup. Pour commander en maître et avec autorité, il faut avoir des qualités, et lui n'en a pas, se figurant que les intrigues suffisent. Mais pour dominer le personnel, il faut avoir une force de caractère inébranlable : on le domine par le travail, la sobriété et l'endurance.

Puisque j'ai été réduit à l'impuissance par des sujets si peu recommandables, par ordre ou pour le bon plaisir de M. Deschamps, à lui qui est si puissant, serait-il permis de me céder sa place pour huit jours seulement ? En si peu de temps j'aurais appris la télégraphie et je pourrais organiser un train spécial de Paris à Vintimille et retour. Pourtant, combien d'éminents chefs ont appris la philosophie, et la télégraphie pour eux est un vain mot ; c'est trop peu pour des gens de cette importance. Néanmoins, s'ils voulaient se prêter à la circonstance, ils pourraient aisément me servir de professeur. Mais, sans doute que la philosophie qu'ils voudraient m'apprendre ne serait pas du tout la bonne ? La leur est trop personnelle et ne dépasse pas leurs intérêts.

Et comment pourront-ils comprendre et commenter la mienne, car à moi l'on n'a rien appris ; je n'ai jamais reçu l'ombre d'une leçon. Et combien aurais-je été heureux de recevoir de tels bienfaits ? Il est vrai que la philosophie que m'ont appris de tels philosophes n'est pas à dédaigner.

Et que diront-ils, morts ou vivants, lorsqu'ils recevront ma leçon : qu'il leur sera impossible de l'éviter, de la commenter encore moins, car celle-là est naturelle : il n'y a pas à aller contre cette chaleur providentielle. Devant cette force surnaturelle il n'y a qu'à s'incliner. Les faits cités sont probants.

Certes, ces gens si bien placés pour juger les autres sont comme la femme de César qui ne devait pas être soupçonnée.

Ces Césars minuscules ne doivent pas l'être non plus.

Je passe à la médaille du travail que j'ai sollicitée le 22 janvier 1907. Le nécessaire a-t-il été fait ?

Sans doute que non. Cependànt, lorsque M. Deschamps a sollicité la croix de la Légion d'honneur, on a bien intrigué pour lui auprès du général B..., ancien ministre de la Guerre, mort courant 1907. Il faudrait pouvoir interroger M. Regnoul. Il pourrait en dire long. Et quels sont les services rendus par M. Deschamps ? A moins qu'on ne l'ait décoré pour avoir été le plus injuste des inspecteurs principaux de la compagnie P.-L.-M.

Il faut croire aussi que la brochure que j'ai fait imprimer en 1907 ne plaisait guère à M. Deschamps ; il n'ignorait plus, sans doute, le sort qui l'attendait puisque, depuis, dix volumes en prose ou en vers ont été écrits. D'où venait l'ordre donné aux chefs de service de la gare de Lyon à Paris, d'empêcher que cette brochure soit achetée, donnée et même prêtée.

Et lorsque je demandais que les exemplaires qui étaient en circulation me soient tout au moins rendus, qu'ai-je reçu ? presque des insultes.

J'en remercie M. Deschamps.

Tous les chefs, y compris M. Deschamps, se figurent-ils être capables d'empêcher un tel oiseau de prendre son vol?... L'avenir le dira.

M. Deschamps, qui est fortuné, me rendra-t-il les amendes que j'ai payées, ayant le couteau sous la gorge, et dont quelques-unes m'ont meurtri le cœur? C'est là que le problème devient difficile à résoudre, c'est là que la férocité se fait sentir, et si M. Deschamps appelle cela de l'humanité, je n'y comprends plus rien.

Enfin, voici des dates, et des chiffres.

Première amende sans connaître le motif : o fr. 50 ;

5 francs le 2 janvier 1880 ; 3 francs le 22 janvier 1881 ;
3 francs le 5 décembre 1882 ; 3 francs le 20 avril 1883 ;
2 francs le 23 mars 884 ; 3 francs le 2 juin 1884 ;
3 francs le 18 février 1885 ; 3 francs le 29 août 1885 ;
15 francs le 30 novembre 1885 ; 1 franc le 1ᵉʳ août 1886 ;
1 franc le 1ᵉʳ janvier 1888 ; 2 francs le 6 janvier 1889 ;
1 franc le 6 juillet 1891 ; 1 franc le 18 septembre 1891 ;
1 franc le 8 avril 1892 ; 1 franc le 13 juin 1892 ;
1 franc le 25 novembre 1892 ; 1 franc en 1893 ;
20 francs le 18 mai 1894 ; 3 francs pour les fêtes de 1898.

Total 74 fr. 50 ; 500 francs pour mon déplacement à Villeneuve-Triage ; 1.500 francs pour la pleurésie survenue après avoir fait du zèle en service à la messagerie, départ le 25 mai 1888 ; 300 francs pour les suites du retrait de ma carte de circulation sur la Ceinture. Total 2.374 fr. 50.

J'estime à 2.000 francs les appointements que j'aurais dû toucher en plus, alors que mes collègues émargeaient à 150 ou 300 francs en plus.

Soit en tout 4.374 fr. 50.

J'ajoute 75 francs de pension que je perds. Soit un capital d'environ 2.500 francs. La première somme capitalisée atteindrait près de 8.000 francs, donc, voilà environ 10.500 francs de perte.

Où irai-je la chercher cette somme qui me paraît fabuleuse maintenant que j'ai deux jeunes garçons à élever ? Heureusement que la Providence ne m'oubliera pas et qu'il me sera permis de travailler encore pour remplacer ce que je n'aurai jamais, mais ce que j'aurais dû avoir. Et maintenant à qui faudra-t-il que je m'adresse lorsque j'aurai besoin de nouveaux services.

Ce sera difficile de me présenter devant ceux que je n'ai jamais connus. Je confesse même que si j'ai eu le courage de travailler, je l'aurai aussi pour m'adresser aux grands chefs, à ceux qui ont le cœur et l'esprit élevés, et des idées philosophiques.

Quels sont-ils, ces hommes-là ?...

A bien regarder de près, ils ont été où sont nos bien-faiteurs.

Pour ne citer que MM. Noblemaire, Mauris, Desmur, Hébert, Margot, Desviller et autres.

Qu'ont-ils fait ces personnages au-dessus des humbles.

Ils nous ont accordé des faveurs. Ils ont ouvert leur bourse. Ils ont reconnu leur nombreuse famille.

Ils nous reconnaissent pour leurs enfants. Et M. Deschamps s'il en reconnaissait dix, il en rejetait cent.

Que reste-t-il à faire maintenant envers ces bons pères de famille?

Aux travailleurs consciencieux, à leur être reconnaissants.

Recevez, monsieur le Directeur, l'assurance de mon profond respect et entier dévouement.

Gustave MARTIN
Préposé
Doit prendre sa retraite le 1er avril.

VOYAGE D'ALLEMAGNE ET DE BELGIQUE

Voyant approcher la fin de ma modeste carrière au P.-L.-M., l'idée me vint de faire un voyage au-dessus des moyens d'un humble employé tel que moi.

Mon grand voyage en Italie, en 1907, m'avait mis l'eau à la bouche et combien mon désir était grand de visiter quelques grandes villes du Nord. Pour ce faire que fallait-il? une volonté de fer, une bonne mémoire et ne pas craindre la fatigue. Il fallait des permis pour visiter Nancy : de là, se rendre à Strasbourg pour voir cette belle ville, française avant 1870, ensuite Metz et Trèves, Cologne et Aix-la-Chapelle, ensuite Liége, Anvers et Bruxelles ; retour à Paris par la ligne du Nord.

Toutes ces faveurs m'étaient accordées, mais un soir, tout rêveur, je me dis : « Mais puisque j'ai obtenu ces faveurs, pourquoi ne pas en solliciter d'autres. »

Le lendemain je demandais de nouveaux permis pour voir Berlin, Postdam et Hanovre au retour. Certes, ce ne fut pas long de recevoir des petits carrés de papier français-allemands pour voyager dans les grands trains. Donc, je touchais ferme la dernière décade de mars et le 25 je filais à toute vitesse vers Nancy. Quel plaisir j'éprouvai à visiter cette belle ville, tous les monuments qui attirent l'attention du touriste. Quel agrément l'on a de parcourir ce centre appartenant à la Maison d'Autriche ; pas une pierre ne peut être déplacée sans l'assentiment de l'État autrichien, de l'empereur en un mot. On n'est pas moins absorbé en parcourant l'ancienne demeure des ducs de Lorraine. Les révolutions ont beaucoup détruit, mais le vandalisme non incendiaire laisse toujours subsister quelque chose. Il existe en général assez de souvenirs pour permettre à un curieux de passer là une agréable journée. A la bonne saison, la Pépinière, ce vaste et beau jardin, doit attirer l'attention du passant. Ces ombrages doivent être séduisants et combien doivent aller s'y délasser. L'auteur n'eut pas cette faveur, mais il était heureux de penser qu'après lui d'autres seraient plus avantagés.

Enfin la nuit vint, il fallait se diriger vers la frontière afin d'avoir le plaisir d'aller visiter l'Alsace et la Lorraine, et l'auteur était heureux !

En entrant dans ce beau pays, ce ne fut que le commencement d'un bon accueil, c'était à celui qui pourrait me rendre service et cette étoile me suivit partout.

J'aurais préféré que ce fût encore terre française ; mais, hélas ! il n'y a qu'à s'incliner devant les faits dont, seul, on ne peut pas modifier les conséquences : et je m'inclinai.

Arrivé à la gare, que voit-on dans la vaste salle d'attente ; des peintures murales attestant d'une façon étrange la domination allemande. D'un côté, se trouve le premier voyage pompeux et simple à la fois de l'empereur Guillaume Ier. Ce tableau est saisissant et noble. Du côté opposé se trouve l'entrée triomphale de Barberousse dans la ville d'Haguenau ; c'est de bon goût et sans exagération : ce doit être la plus belle salle d'attente de chemins de fer allemands, et même français. Après un repos bien mérité, une belle journée de printemps favorisa l'auteur, et heureux comme un roi de se voir à une lieue du Rhin ; de visiter la cathédrale et de gravir le

long escalier de la tour afin d'admirer ce beau panorama ; de voir, enfin, l'intérieur de l'église et l'horloge
unique en son genre. Et l'auteur n'était pas seul pour
entendre sonner midi. Donc, à midi 29, exactement,
devant une foule de curieux : le coq battit des ailes
et chanta ; ensuite un petit bonhomme sortit de sa
cachette et tenant un marteau à la main, il frappa sur
la cloche douze fois. Ensuite, ce fut le défilé des
douze apôtres, et aussitôt le dernier rentré, ce diable
de coq battit encore des ailes et chanta cocorico.

Il n'y avait dès lors qu'à se retirer bien vite et à
aller voir autre chose. Palais de l'empereur, Hôtel de
ville, Université, l'immense Hôtel des Postes, le
théâtre, la plus vieille maison de Strasbourg, la
statue de Kléber et tant d'autres qui représentent des
personnages bien connus. Tout est d'un bel effet et
n'a pas été construit à la légère ; mais ce qui est à
remarquer c'est que depuis trente-huit ans que cette
ville est allemande, la population a augmenté de
plus de 100.000 habitants. Française, jamais ce
résultat ne serait produit.

Cette ville est éloignée du Rhin, mais des canaux,
et l'Ill l'en rapprochent ; et dans vingt ans il y aura
plus de 200.000 habitants de plus.

A Metz

Après Strasbourg ce fut Metz qui absorba l'auteur.
Quelle révolution ? cette ville se transforme comme

par enchantement : partout on construit ou on démolit.

Il faut voir la façade de la nouvelle gare comparée à l'ancienne : c'est un géant près d'un nain, dans cinquante ans Metz ne sera plus reconnaissable.

Sur l'esplanade, où on construit de vastes casernes, se trouve la modeste statue de Ney tournant le dos au monument grandiose de Guillaume Ier qui domine la Moselle et la plaine : un peu plus loin, sur la même ligne, devant le palais de justice on voit la statue du prince Frédéric-Charles.

Ces deux monuments tournés vers la frontière en disent long : ils ont l'air de dire. « Nous y sommes et nous y resterons. Français, portez-en le deuil. »

La cathédrale est belle aussi, même le temple élevé pour l'armée seulement. Les soldats y sont amenés par compagnies, les officiers en tête.

Le plus original de Metz, c'est la rue inhabitée des tanneurs, où passait autrefois la petite rivière la Seille. Elle a été détournée afin de permettre qu'un quartier neuf remplace ces vieilleries, ces étranges maisons disposées pour faire sécher les peaux.

Metz n'est, en un mot, qu'une vaste caserne, avec vingt et un forts autour, et l'allure fière des officiers, des sous-officiers et des soldats devrait donner à réfléchir aux sans-patrie français, aux Hervéïstes qui livreraient leur pays comme des lâches. Que chacun reste chez soi, mais au moins que tout le monde se fasse respecter et que la honte retombe sur les infâmes. Que les antimilitaristes aillent faire un tour à Metz en amateurs, cela pourrait donner à penser aux plus pacifistes ; il est vrai que devant une nouvelle défaite, ils seraient capables d'aller se prosterner devant la statue de Guillaume Ier, du prince Frédéric-Charles et de Bismarck au besoin.

De Metz à Trèves

Le 27 mars, de bon matin, par un temps superbe l'auteur quittait Metz, et le plaisir pour lui fut grand de voir de si belles campagnes ; par hasard, un voyageur complaisant faisait la description des lieux.

Sur une colline, c'était Gravelotte, sur une autre Saint-Privat, plus loin Mars-la-Tour.

La ligne de chemin de fer passe près de la frontière et que voit-on dans toutes les gares? Des quais de débarquement d'une longueur démesurée, que la gare soit importante ou non. Jusqu'à Trèves l'on suit la Moselle et que de cheminées ? que de fumée ! Sans aller sur les lieux pour se rendre compte, l'on sent, on devine là une activité fiévreuse.

Enfin, l'auteur curieux de tout voir arrivait à Trèves, et certes, pour celui qui a plus ou moins lu, cette ville est très ancienne ; mais presque tous les souvenirs romains ont disparu ; la ville paraît neuve et d'une propreté exceptionnelle.

Donc, que peut-on bien y voir?

Les deux restes antiques : le Palais en ruines des Empereurs romains, et la porte Nigra qui date de l'an 300. Il faut croire que la domination des Romains était bien établie pour qu'ils construisent de la sorte. L'on se demande d'où venaient ces blocs de pierre de près de deux mètres de long, qui existeront dans 2.000 ans. C'est même étonnant que l'empereur Guillaume II laisse finir de se désagréger cet antique monument.

Mais cet homme aime mieux arriver à posséder une marine formidable et une armée invincible. Alors, sans aucun doute, la porte Nigra sera réparée.

Au-dessus de la porte, de ce passage en un mot, était une église; du reste, cette porte monumentale en a la forme dans son ensemble quoique ressemblant à une forteresse.

Elle était couverte en feuilles de plomb. Mais voilà, Napoléon Ier passa par Trèves et à ce moment il avait plutôt besoin de balles que d'entendre chanter la messe ou les vêpres. Il fit donc arracher la toiture et le plomb fut fondu pour faire des balles.

De l'ancienne splendeur de Trèves rien ne subsiste que ces deux monuments ; le vieux a fait place au nouveau et la ville est très propre. Tout est bien tenu. Les habitants paraissent heureux et aisés. Et les campagnes paraissent florissantes. Ce qui étonne le plus c'est que Trèves étant une des plus vieilles villes d'Allemagne, ne soit pas un centre plus important. Ce qui prouve que la prospérité et l'accroisse·

ment d'une ville n'ont rien à voir avec l'ancienneté. Des centres manufacturiers se sont créés partout ailleurs : la population augmente selon les circonstances, et la Moselle suit toujours son cours.

De Trèves à Cologne

Le 28 mars, de bon matin, notre cheminot partait pour Cologne. Avant d'arriver à Metternich on voyait des traces de neige sur les collines un peu arides; mais à l'approche de Cologne, quel beau pays. Quelle belle ville de 401.000 habitants au bord du beau fleuve le Rhin. Quelle plaine immense. Sa fertilité n'est pas à comparer à certaines contrées du midi de la France, mais si la température y était aussi douce, ce ne serait plus le Nord.

Cette ville, plus favorisée que Trèves, jouit de nombreuses communications. Un pont gigantesque était en construction pour remplacer l'ancien, devenu trop étroit.

Aux Allemands il faut l'espace, il faut des débouchés à leurs gares monumentales. Dans cette ville combien il est facile de s'orienter : les flèches de la cathédrale suffisent. Ce monument gothique est bien proportionné et vaut la peine d'être vu.

Cependant, sans être connaisseur, Notre-Dame de Paris la dépasse comme finesse architecturale, mais cette masse gigantesque semble dominer la ville et les environs, c'est dommage qu'il n'y ait pas autour une vaste place. Si les deux clochers en imposent au dehors, l'intérieur vaut la peine aussi d'être visité, et comme à Strasbourg les voyageurs se font un devoir de s'y arrêter. Tout près de la cathédrale, au bord du Rhin, le monument en bronze de Humarckt, dont seize personnages font l'ornement, mérite aussi d'être vu.

Ensuite c'est la statue équestre de l'empereur Guillaume Ier, beau monument en marbre et granit; tout près, celle d'Augusta, en marbre blanc. Enfin, on ne voit que luxe partout, monuments, maisons, places, avenues et belles rues font le charme du voyageur tellement tout est propre.

Ce qui n'est pas moins original à voir à Cologne, c'est le pont de barques qui relie la ville à celle de Deutz. Cela rappelle l'ancien temps.

Aussitôt que voitures et piétons ont dépassé le milieu, six barques accouplées par deux se retirent et font un passage pour les bateaux. Sans arrêt cette manœuvre livre passage alternativement à la batellerie, ou aux piétons et aux voitures. Les voyageurs paient pour le traverser environ 4 centimes, c'est-à-dire 3 pfennings.

Le grand pont métallique qui donne passage au public et aux voies du chemin de fer est payant aussi.

Il y avait encore le musée à voir et rapidement les salles en furent parcourues. Enfin après une course de huit heures sans arrêt, ce n'était pas le théâtre qu'il fallait et bien moins d'aller faire le crâneur dans les brasseries, mais notre luron sut faire un bon dîner arrosé de plusieurs chopes de bonne bière. On aurait dit que ce grossier campagnard n'avait bu que cela toute sa vie, après c'était le lit et la tranquillité la plus parfaite sans ressentir la moindre fatigue. Le lendemain à la première heure ce bourgeois mal éduqué filait bon train pour Aix-la-Chapelle.

A Aix-la-Chapelle

Dans cette ville, comme ailleurs, il fallait tout voir coûte que coûte. Près du théâtre s'érige la statue équestre de Guillaume Ier; devant le superbe Hôtel de Ville, fontaine avec statue de Charlemagne. Il fallait voir aussi son tombeau et l'auteur ne pensait pas que c'était un dimanche tellement il était absorbé; il fallait voir cette cathédrale et la foule qu'elle contenait, serrée comme des harengs à l'intérieur, et dans la rue ceux qui n'avaient pu y entrer étaient découverts et chantaient en même temps.

Quelle ferveur, mes amis, quel chant mélodieux ! Pour la première fois le visiteur entendait chanter en musique et en allemand, mais c'était un plaisir d'entendre ces voix, cet écho. Heureusement que les jarrets ne fléchissaient pas et toujours tenace, la messe finie l'église ne finissait pas de se vider. Aussitôt seul, un employé fut invité pour accompagner notre curieux afin de voir ce qu'il y avait de beau. Le dessus du tabernacle de l'autel est en or massif et cela représente une jolie fortune ; la chaire ancienne est très curieuse aussi.

On voit le tombeau d'Othon III sous la coupole.

Celui de Charlemagne, surmonté d'un immense diadème sous lequel on passe. Ensuite une porte verrouillée s'ouvrit et nous voilà bientôt devant le sarcophage ayant contenu les restes du grand homme, non loin se trouve le trône du grand empereur dominant la coupole et la nef, et l'autel au loin, en face. Malgré la corde garnie de velours qui l'entoure, l'auteur eut vite fait de monter sur les marches, mais le courage lui manqua pour s'asseoir sur le siège où s'était assis ce géant qui était sans doute plus criminel que le visiteur, mais il était roi et empereur. Cela fit rire le guide et ce fut tout. La visite finit par les caveaux, dont l'aspect aussi en impose. Mais voilà, l'un et l'autre avaient faim et 2 marcks furent la récompense du guide complaisant.

Après le déjeuner, course sans arrêt afin de voir belles promenades et jardins ; le touriste put y passer une agréable après-midi d'autant que le temps était favorable. Je finis donc par découvrir une drôle de fontaine. Sous une colonnade ayant la forme d'un croissant et couverte, j'aperçus des visiteurs qui montaient ou descendaient l'escalier conduisant à cette fontaine. Il y est écrit en français et en allemand : « Aussitôt servi le visiteur doit boire et s'en aller. »

Ce que je fis sans difficulté après avoir donné 10 pfennings (un peu plus de deux sous).

Cette eau est chaude et n'est pas désagréable au goût. Les gens viennent de loin pour en boire. On la dit miraculeuse, sa propriété est de guérir les personnes qui ont le sang vicié. Pour mon compte j'avoue que je préfère une demi-bouteille de bon vieux vin.

Le temps était beau, mais la nuit vint et je partis pour Berlin où je devais arriver à 7 heures du matin.

D'Aix-la-Chapelle à Berlin

Étant parti à la tombée de la nuit, je ne pus rien voir pendant le voyage ; mais je m'étais promis que le retour s'effectuerait en plein jour afin que je puisse voir le pays.

Aussitôt arrivé que fallait-il faire ? c'était de chercher un hôtel et de se débarrasser de ce qui me gênait, ce qui fut vite fait. Ayant quitté la gare Friederichstrasse, je suivis la rue un instant et je me trouvai devant l'hôtel Stadt-London, ma chambre y fut retenue pour la nuit et me voilà parti en ville en suivant cette longue rue qui coupe la ville en ligne droite : je me trouvais sur une belle voie appelée Unter der Linden. Je m'orientai sur cette rue et je commençai mes visites. Cette belle avenue allant du

Palais de l'Empereur jusqu'à la place de Paris, ou pour mieux dire la porte de Brandebourg, on peut l'appeler les Champs-Élysées de Berlin. Cette porte, ou Arc de Triomphe, n'est autre que l'entrée du vaste parc appelé Tiergarten qui renferme tant de superbes monuments. Enfin, je commençai par visiter ceux qui se trouvent au bord de la Sprée, et certes il y a de quoi voir. Après avoir admiré toutes les belles statues qui, hélas! représentent nos défaites, entre autres Frédéric le Grand, Guillaume Ier, Blücher, ainsi que les personnages de 1870-1871, je franchis le pont orné de beaux sujets en marbre, et je me rendis au Musée. Partout l'on sent la force irrésistible du beau et de la richesse : si l'intérieur de ce musée est beau, dehors il y a aussi de belles choses sans oublier le vase en granit d'un seul bloc, mesurant environ 7 mètres de diamètre. Le temple au bord de l'étroite Sprée est magnifique. A l'intérieur on remarque les cinq tombeaux de personnages connus, mais celui du froid Bismarck semble dominer les autres.

Tout près, le noir Palais de l'Empereur entre les deux bras de la Sprée, et que voit-on devant ?...

Un énorme monument qui en dit long au visiteur, celui-là, seul, rappelle la force du colosse, de l'Empire germanique. Ce centre m'absorba toute la journée, et à 7 heures du soir, après avoir passé la précédente nuit en voyage, il y avait de quoi être fourbu.

Une nuit de tranquillité mit tout en ordre. Le lendemain 31 mars, finissait ma longue période au chemin de fer. Le matin de bonne heure j'étais dans les rues, muni du plan de la ville ; je me figurais y être né et m'y promenais en amateur, pour 10 centimes de tramway me voilà hors ville, sans avoir rencontré quoi que ce soit de gênant à l'aller ou au retour : pas de barrière, pas d'octroi ; et partout une propreté minutieuse : à 7 heures du matin, on n'aperçoit plus une poubelle d'ordures, tout a été enlevé.

De retour sur la belle avenue et entrant au jardin par la porte de Brandebourg, c'est un luxe inouï de statues. Devant le vaste palais du Reichstadt se trouve l'énorme monument de Bismarck, tout près la colonne en granit de Waterloo ; non loin, la statue de Moltke faisant face à la colonne et à Bismarck ; à côté celle de Roon ; en face la belle allée de Sièges où sont placés les trente-quatre représentants des familles ayant régné depuis Albert (1100 à 1170) jusqu'à Guillaume Ier inclus (1861-1888).

Le principal sujet est au milieu d'un fer à cheval, autour du cercle, les deux principaux ministres de l'époque, le tout en marbre blanc d'une beauté et d'une propreté surprenantes ; l'effet est saisissant.

Pour relever toutes ces inscriptions ce fut long, mais la patience de l'auteur n'était pas lassée.

Après avoir vu et parcouru toutes ces belles promenades, l'infatigable gagna le jardin zoologique : entrée 1 marck. Tout y est bien compris, et à sa place, l'on y voit des beaux sujets de toutes espèces. Ne seraient-ce que les quatre éléphants énormes, deux hippopotames, deux superbes girafes et tant d'autres espèces, trop nombreuses pour en faire le détail. Par hasard je me trouvais dans la vaste galerie des fauves pendant la distribution du soir et cela méritait d'être vu. Ces bêtes sont sur du parquet ciré ; leurs cages sont très vastes, on dirait de petits salons.

Parmi les dix lions dont plusieurs sont de toute beauté, un des plus beaux me fit bien rire.

Voyant approcher la voiture contenant la viande, il s'était mis debout, tenant la grille d'une patte et de l'autre il faisait des signes au dehors comme une personne qui a faim : le public riait aux éclats en voyant son air intelligent. S'il s'était trouvé là un photographe pour prendre un cliché, son temps n'aurait pas été perdu ; il aurait pu faire une journée avantageuse. Il y a aussi de nombreux tigres dont deux énormes.

Dans cette galerie la chaleur est tempérée, et au dehors, lorsqu'ils ont le passage libre pour y aller, leurs cages sont tout aussi propres qu'à l'intérieur. Cette visite finie il y avait encore à voir ; l'auteur ne cessait d'admirer partout où il portait ses pas, une propreté qu'on pourrait donner en exemple aux Parisiens.

Berlin, au milieu d'une plaine sablonneuse immense, a peut-être des dessous qui laissent à désirer ; mais l'ensemble, pour le visiteur, est bien plus propre qu'à Paris L'on ne voit pas un encombrement tel qu'ici : aux endroits où les rues se croisent, au lieu d'un agent il y en a quatre, un de chaque côté, et inutile de dire si tous obéissent, et si tout se fait en règle. La ville est coupée par plusieurs bras de la Sprée, ce qui fait que les approvisionnements se font sur place.Les lignes de chemins de fer croisent Berlin dans tous les sens,et cela fait moins d'embarras dans les rues : les voyageurs descendent où bon leur semble. Au lieu qu'à Paris les grandes gares ne sont que des culs-de-sac.

Voilà les causes principales de tant d'encombrements.

Je n'ai peut-être pas assez de jugement pour toucher à des questions aussi délicates. Mais du moment que j'ai vu, j'ai le droit de dire et d'écrire ce que j'en pense. Je dis que les Allemands, en ce qui concerne chemins de fer et bien d'autres choses, sont plus forts que nous; on peut copier sur eux, ils sont nos maîtres pour la pratique.

Après avoir arpenté le pavé de Berlin pendant deux grandes journées, notre touriste ne songeait pas à consacrer ses soirées ou ses nuits au plaisir : on n'eut pas risqué de le rencontrer dans les brasseries, concerts, théâtres ou autres lieux dont l'élégance est réputée. Mes deux belles journées suffisaient, je voyais avec plaisir que je n'allais plus être employé du chemin de fer, je savais que le 31 mars c'était ma liberté ! Seule, cette idée-là me rendait plus fort que le mauvais vouloir de ceux qui avaient rêvé de m'amoindrir.Et dans un calme absolu,je finissais mon temps comme dans un rêve.

J'attendais ce poisson d'avril qui ne pouvait pas manquer d'arriver. Il vint, et de bon matin je fus le chercher à Postdam ; une petite heure de chemin de fer, coût 1 marck aller et retour.

Puis-je dire combien j'étais heureux d'avoir fini ma deuxième période à Berlin, et de commencer la troisième à Postdam ! Mais c'était le 1ᵉʳ avril. Cette visite est indispensable et ce serait commettre un crime que de voir Berlin sans voir Postdam. Cependant, à vrai dire, pour un Français, ce n'est pas un voyage d'agrément de visiter ce Versailles allemand, prussien si vous voulez. Quand on pense que c'est là que reposent nos drapeaux de Metz, de toutes nos défaites !

La ville est belle et propre, de beaux jardins, de belles places, et je voyais au loin défiler les cuirassiers blancs ; casernes et soldats partout.

Le palais de Sans-Souci abrite le tombeau de Frédéric III, et de Victoria ; c'est impressionnant, mais pas assez pour nous retenir longtemps ; en sortant il fallait voir autre chose et je me rendis instinctivement près de l'endroit où se trouvaient d'autres curiosités.

Mais toutes les portes étaient fermées. Tout en rôdant, je vis un jeune homme qui passait tout près et le plus tranquillement du monde je l'abordai en lui faisant signe que je désirais voir l'intérieur de ce temple ; le tombeau de Frédérick der Gross et de Wilhelm Iᵉʳ. En entendant mes quelques mots il comprit et me fit signe de le suivre.

Après avoir fait une course de 400 mètres nous arrivâmes chez le portier qui avait la clef du sanctuaire prussien, sa femme, après explications avec le jeune homme, me fit signe de les suivre, qu'ils m'accompagnaient. Elle et lui ne comprenaient pas un mot de français, et moi je devais consulter mon vocabulaire franco-allemand pour hacher quelques mots. Enfin, nous arrivâmes et la porte s'ouvrit à mon grand contentement.

Aussitôt entré, je sentis que quelque chose me glaçait, m'empêchait de voir.

Je me trouvais au milieu de ce temple, encombré de drapeaux, de trophées rappelant les défaites des Autrichiens en 1866, et des Français en 1870-1871, c'est le plus bel ornement de ce lieu, glacial pour un Français. Ce temple est simple et luxueux en même temps. En voyant les groupes de drapeaux de Metz et de Sedan, ou de partout ailleurs, je ne me sentais plus, le jeune homme m'aurait planté un poignard en plein cœur, que le sang n'aurait pas jailli.

Devant l'autel, pendant les grandes cérémonies sont assis les grands personnages ; par derrière est une toute petite porte par où on peut entrer et visiter les deux tombeaux contenant les restes de Frédéric le Grand et de Guillaume Ier. Croyez-vous que cet asile funéraire ressemble aux Invalides à Paris ?

Pas le moins du monde, le cercueil de Frédéric le Grand ressemble à celui d'un bourgeois de campagne ; quelle différence avec celui de Napoléon Ier ! Celui de Guillaume, en marbre de toute simplicité, fait le même effet, une toute petite couronne sur chacun, et sans luxe aucun autour ; les murs sont blanchis à la chaux : si ce n'était qu'on se rend compte qu'il y a là des restes illustres, on dirait d'un cabinet de débarras, d'un endroit où l'on élève des lapins, voilà le sarcophage en métal ou zinc du grand Frédéric dans un lieu simple et sacré, et voilà celui de Guillaume en marbre à son côté.

Autant ils étaient grands, autant ils sont petits ; et cela n'est que pour rappeler à ceux qui ne sont rien sur la terre, qu'il est inutile de vouloir paraître grand étant mort. Ce n'est pas le luxe qui rappelle les grands souvenirs : c'est la simplicité, le voyageur s'y arrête, surtout s'il comprend que l'égalité ne commence qu'à la mort, et les Allemands-Prussiens sont là pour nous le faire sentir. Mortels, qui avez la faculté de voir et d'apprécier, rendez-vous compte. Il faut dire que le Grand Frédéric avait des goûts simples et couchait sur un lit de sangle, ou de camp si vous préférez, sur lequel sans doute la reine n'était pas invitée à reposer sa belle carnation. Ce ne devait pas être un lieu de plaisir ; mais c'est de là que partaient les ordres, c'est là qu'ils étaient préparés.

Voilà donc où reposent l'ancien roi de Prusse, et un récent empereur d'Allemagne.

Cette visite me coûta 5 marks, mais j'avais vu, et j'en rapportais une impression durable.

De retour à Berlin j'étais absorbé et je ne devais

plus rien voir, j'emportais la conviction que si cela
continue, dans cinq cents ans, Berlin sera pareil à la
Rome antique, et que ses nouveaux Romains nous
absorberont.

Tout ce qui se fait d'officiel à Berlin n'est pas construit pour durer peu : mais des milliers d'années.
Il faut voir ces bronzes, ces marbres, ces granits.
Et cela, pendant que les Français s'amusent à rire :
qu'ils ne pensent qu'à s'assurer une vie heureuse,
qu'à devenir fonctionnaires de l'État, qu'à faire les
démagogues pour devenir députés ou sénateurs
aux ordres et pour le compte de leurs comités. Personne donc ne voit que la ruine arrive à pas de
géant, que nous sommes envahis par les étrangers
qui bientôt commanderont en maîtres ; et alors ? il
sera temps de ne vouloir faire que des heureux, tandis
que les malheureux seront obligés de se révolter.

De Berlin à Hanovre

Ce voyage de Berlin à Hanovre en plein jour fut
instructif, la machine s'arrêta une fois pour prendre
de l'eau et le train rapide dévorait l'espace. Dans
cette vaste plaine, partout l'eau est à peu de profon-
deur et l'on ne voit pas une pierre grosse comme le
poing.

Je me trompe, avant d'arriver à Hanovre, je vis un

tas de pierres destinées à la construction d'une maison, ce fut tout. Hanovre est une belle ville de 250.000 habitants d'une propreté extraordinaire. Il faut voir ces belles habitations et ce vaste bois de Boulogne hanovrien. Sous ces beaux arbres tout est prévu. Tout dit que dans cette agglomération il ne doit pas y avoir beaucoup de malheureux. Du reste, la ville paraît neuve, on n'aperçoit aucune ruine, mais des soldats, des officiers, on en rencontre partout. Je pris même un moment de récréation devant le vaste champ de manœuvre ; l'allure solide de ces soldats en casque pointu me faisait tristement penser aux badauds français qui ne savent que dénigrer les Allemands. « Ils sont sales, ils vivent grossièrement, disent des gens qui n'ont rien vu, qui ne connaissent même pas leur pays ; et moi en observateur je déclare avoir vu tout le contraire. Il serait exact de dire qu'ils sont plus sobres que les Français, et surtout qu'ils cherchent à devenir nos maîtres.

Cette ambition les domine entièrement, et ils font ce qu'il faut pour qu'elle se réalise, pendant que nous ne cherchons qu'à nous dévorer entre nous.

De Hanovre à Liége

Le 2 avril, même un peu tard, je quittais Hanovre ; le 3 je devais être à Liége, et ce fut fait. Y arrivant de bon matin je ne pouvais pas aller à l'hôtel d'autant que j'attendais le grand jour pour commencer mes courses. Je n'avais donc qu'à fumer un cigare dans la salle des première et deuxième classes en attendant le jour.

En m'y introduisant je montrai mon permis et l'employé se donna la peine de regarder au dos.

« Votre permis est périmé, me dit-il.

— Diable, répondis-je, veuillez m'excuser, car je n'avais pas lu ce qu'il y a d'écrit au dos, mais, n'y aurait-il pas un moyen quelconque pour y remédier ?

— Si, dit-il, vous n'avez qu'à aller à la direction, place Bronkart, 26, et sans doute que le directeur ne refusera pas de vous être agréable. »

A 8 h. 30 j'étais chez M, le directeur, et, tout en m'excusant, j'exhibai mes permis qui avaient été valables, et non retirés à la frontière en même temps celui de l'État belge, et celui de la Compagnie du Nord.

« Vos permis, me dit-il, ne sont valables qu'un mois, mais je vais conserver celui-ci et vais vous en remettre deux, un pour Anvers, et l'autre d'Anvers à Mons, vous pourrez donc vous arrêter à Bruxelles. »

Ce brave homme fit mieux que si j'avais été sous ses ordres pendant trente-deux ans. Il ne me restait qu'à bien le remercier et à continuer mes visites.

Près de la Meuse il y a un beau jardin et de belles promenades, une belle statue de Charlemagne ainsi qu'une belle cathédrale.

Le pont de Frognée contruit pour la dernière exposition est magnifique : belles colonnes aux entrées et nombreuses statues en bronze ; mais le principal est le monument de Gramme, l'inventeur du dynamo, à l'entrée, du côté de la rivière l'Ourthe qui se jette dans la Meuse au bas de la ville.

Liége mérite d'être vu, et le plus original c'est la petite colline qui se forme des débris d'une mine, c'est curieux de voir les wagonnets monter et se vider au faîte. Étant sur la colline à côté, je prenais plaisir à voir ce travail gigantesque, cette installation.

J'étais heureux d'avoir vu Liége, mais je voulus voir plus beau et dans la soirée je partis pour Anvers.

De Liége à Anvers

Arrivé à Anvers, il n'y avait qu'à aller à l'hôtel pour prendre un repos bien nécessaire ; et le matin muni du plan de ville, je me mis en marche et je ne risquais pas de me tromper. Je voulus me rendre compte de l'activité des bassins ; mais quelle fièvre de travail, quel service actif ! Il faut voir ces installations toutes modernes, cet outillage, les bassins pleins de bateaux en chargement ou en déchargement, sur une longueur de 3 km. 1/2 de quais. Sur l'Escaut c'est pire ; le quai a 5 kilomètres de long et l'activité est intense. Il y a encore un beau et vieux musée d'antiquités au bord du fleuve.

La cathédrale étant toute proche ce fut l'affaire de peu de temps de monter l'escalier de 514 marches conduisant au clocher qui a 123 mètres de hauteur.

Quel beau panorama ne voit-on pas, surtout lorsqu'on est favorisé par un beau soleil, un temps choisi.

Il fallut se décider à descendre et à visiter l'intérieur de Notre-Dame d'Anvers. Là, tout est admirable. Superbes vitraux, chœur, autel magnifique, boiseries sculptées de toute beauté, chaire encore plus belle ainsi que des confessionnaux merveilleux.

Que faut-il penser lorsqu'on regarde les beaux tableaux de Rubens : *l'Assomption, Jésus en Croix,* et *la Descente de Croix* que le plus riche mortel ne pourrait acheter, dût-il le payer cinquante millions, c'est-à-dire à aucun prix. Enfin la visite de l'église est terminée, et en dehors que de belles statues, de beaux jardins, de belles promenades !

Il faut voir aussi le monument, la statue équestre élevés place Léopold Ier et dont l'inscription suit :

Les devoirs humains n'offrent pas de tâche plus noble et plus utile que celle d'être appelé à maintenir l'indépendance d'une nation et à consolider ses libertés.

J'ai toujours eu pour la ville d'Anvers la plus vive sollicitude ; je sais les services qu'elle a rendus au pays par son commerce et l'éclat dont elle l'honore, par sa gloire industrielle.

La prospérité de notre ville a toujours été l'objet de mes préoccupations.

L'auteur trouva que c'étaient là de sages paroles, et il les inscrivit sur son carnet.

Après tant de visites ce ne fut pas nécessaire de prendre l'apéritif, il n'y avait qu'à déjeuner et à aller visiter le jardin zoologique; et ma foi s'il en est de plus beaux, il ne tient pas à les voir: celui-là suffira à son admiration.

La première station fut pour le musée-théâtre, ensuite pour les oiseaux de proie, aigles, vautours, condors, etc., etc., oiseaux de toutes grandeurs que l'auteur n'avait jamais vus, toutes ces bêtes sont logées dans de petits palais du genre qui leur convient le mieux; il serait trop long d'en faire ici la description. Il y a également à voir les chameaux, dromadaires, rennes, cerfs, cheval, élan, âne sauvages; neuf zèbres de toute beauté et trois girafes; tapir du Brésil; deux éléphants monstres, rhinocéros, deux ours blancs, huit noirs ou bruns, hémione, antilopes de toutes espèces, buffle blanc, zèbre de l'Inde, zèbre nain, buffle d'Égypte, quatre bisons, guépard, léopard, deux tigres de Perse superbes, deux tigres royaux très beaux, deux jaguars, quatre hippopotames, marabout de l'Inde, gnou à barbe, de nombreux lions dont un fait l'admiration de tous les visiteurs. C'est le beau lion du Cap, et pour en voir un plus majestueux ce serait sans doute difficile, l'on dirait qu'il habite le désert. Toutes ces bêtes ont deux cages, l'une tempérée et l'autre à l'air libre: tout est parqueté et ciré comme un petit salon.

Que les intéressés de chez nous aillent voir cette propreté, cette tenue; ils pourront alors en faire autant au Jardin des Plantes, et au Jardin d'acclimatation au bois de Boulogne.

Assez de souvenirs d'Anvers, la provision était ample, et à la nuit tombante l'auteur quittait cette belle ville. Une heure après il était à Bruxelles.

D'Anvers à Bruxelles

En arrivant à Bruxelles je ne songeai point à me payer le luxe d'une soirée de théâtre, mais bien à me reposer pour pouvoir recommencer mes pérégrinations le lendemain. Bruxelles est trop connu des Parisiens pour que j'en fasse la description, quoique j'aie un bon aperçu de ce petit Paris (je dis petit Paris et elle compte au moins 800.000 habitants).

Je voulus voir une deuxième fois l'Hôtel de Ville, les différents monuments. Dans cette ville les directions centrales ne forment qu'une masse. Direction des chemins de fer de l'État belge, Sénat, ministères de la Guerre, de l'Intérieur, des Affaires étrangères, de l'Agriculture, des Finances, ne font qu'un groupe, devant, un beau jardin, et le palais du roi en face. Le massif tribunal est peu éloigné; puis c'est le musée, etc., etc.

En suivant la rue de la Loi, des ministères, jusqu'à

l'Arc de Triomphe de l'Indépendance de la Belgique
fini en 1905, le coup-d'œil est merveilleux, beaux
jardins, belles promenades, bref, un petit Champs-
Élysées parisien.

Retour sur ses pas et ce paysan qui n'a reçu pour
éducation que des coups la plupart du temps,
que l'on a blâmé et méprisé sans arriver à le réduire,
voulut voir encore une fois la cathédrale ; et certes
elle vaut bien qu'on s'y arrête; on n'a pas besoin
d'être dévot : on n'a besoin que d'aimer l'art.

Dans l'intérieur de Sainte-Gudule, on voit douze
belles statues en marbre blanc, chœur magnifique,
beaux tableaux, quoique n'ayant pas la même valeur
de ceux d'Anvers.

Mais des Rubens il n'en naît pas chaque jour.

Pour l'auteur, le plus original et le plus beau de
cette cathédrale, c'est la chaire, et sans doute qu'elle
est unique en son genre ; celui qui l'a sculptée fit là
une merveille.

Et c'est Adam et Ève chassés du Paradis terrestre.
Quand donc pourrons-nous saluer l'auteur d'un
monument en bronze qui représentera les démagogues chassés de France d'abord, et de tous les pays
chauffés par le soleil? Si un maître ne le fait pas, ils
s'en chasseront eux-mêmes ; mais après y avoir causé
bien des ruines.

Au figuré, combien de fois n'a-t-on pas voulu
chasser l'auteur du Paradis terrestre?

A défaut de ce primitif lieu de délices, qu'il n'a

point connu, il a connu le chemin hérissé de ronces et d'épines, et voilà son seul professeur.

Après cette visite, tous les Godefroid de Bouillon, Belliard et nombre d'autres personnages de marque ne disaient plus rien au voyageur qui en avait assez vu et ne recherchait plus de nouvelles satisfactions, et à 6 h. 15 du soir l'auteur quittait Bruxelles pour arriver à Paris à 10 h. 45.

Ce voyage, gigantesque pour un petit malheureux, était achevé : parti comme employé, il revenait comme homme libre. Quelques pièces d'or s'étaient envolées, mais la moisson avait été bonne. S'il n'avait pris aucun plaisir, il avait *vu*, il s'était rendu compte de ce dont est capable l'homme doué d'un caractère ferme, de volonté, trop pauvre pour avoir reçu l'ins-truction sans laquelle d'autres n'auraient même pas essayé d'écrire en prose ou en vers. Mais s'il ne fait jamais un bon romancier ou un grand poète, s'il ne fait jamais un brillant orateur, il ne fera jamais non plus un démagogue, comme on en voit tant, en France surtout.

Il aurait reçu avec gratitude de bons conseils, alors qu'il en avait besoin ; mais autour de lui, c'était à qui lui tournait le dos chaque fois qu'il tentait de sortir de l'ornière, c'était à qui lui eût donné un coup de pied pour lui briser les jambes, le coup de grâce, afin qu'il s'enfonçât davantage et qu'il connût les revers de toutes sortes. Que fit-il en voyant son énergie ainsi comprimée et méconnue ? Il voulut se rendre compte par quelques voyages s'il ne lui serait pas possible de briser, d'élargir ce cercle qui l'enserrait, qui l'étouffait, qui l'empêchait de prendre son essor. Il commença par voir ce beau pays de France en 1906 et 1907, et l'Italie, l'Allemagne et la Belgique en 1908 ; ce sera peut-être son dernier voyage, mais ça a été le plus beau.

Et qu'a-t-il trouvé dans ces trois grands voyages précipités ? Il n'a trouvé que des amis ; chaque fois qu'il en a eu besoin, c'était à qui lui rendrait service. Mais il avait compris que dans les grandes administrations, celui qui ne comptait que sur lui-même était d'avance perdu. Celui qui ne dit rien, qui n'a qu'à faire le mort et à attendre que d'autres le poussent jusqu'où il doit arriver, pour celui-là le silence est d'or, et c'est lui qui est le plus à craindre, c'est lui qui au besoin vous mouchardera afin que toute issue vous soit fermée, et que les coups, s'il y en a à recevoir, vous tombent dessus.

Eh bien ! je dis que pour beaucoup et pour l'auteur surtout, le silence, c'est la mort !

Pour en finir : merci, braves Français, qui m'avez aidé à briser mes entraves ; merci, braves Italiens qui m'avez inspiré, aidé de votre mieux dans votre pays dont la langue m'était étrangère, qui m'avez permis de visiter vos belles cités et vos beaux monuments ; merci, braves Alsaciens-Lorrains, Allemands et Belges

qui m'avez fourni l'occasion de parcourir vos terri-
toires, de visiter vos grandes villes, de voir vos belles
campagnes, d'étudier vos mœurs à vol d'oiseau, et
d'orner ma mémoire de tout ce que j'ai vu et apprécié
chez vous, quoique ne connaissant pas un mot
d'Allemand.

L'étoile qui me guidait ne m'a pas abandonné
un instant, et vous avez accueilli comme un ami
le modeste pèlerin que j'étais.

Encore une fois merci...Croyez à ma reconnaissance
pour vous tous, Français, Italiens, Allemands et
Belges. Le bon accueil que j'ai trouvé auprès de vous
restera parmi les meilleurs souvenirs de ma vie.

Nous sommes voisins les uns des autres : et nous
devons nous accorder et nous entendre, et non chercher à nous déchirer, à nous entre-dévorer comme
des fauves.

Je désire finir mes jours dans la tranquillité, en
travaillant. Serais-je assez heureux pour voir se
réaliser cette modeste ambition : et pour voir enfin
dans mes vieux ans la paix et la bonne harmonie
régner entre tous.

FIN DES MÉMOIRES

TRIUMVIRAT AU P.-L.-M.

a Lyon et a Paris de 1876 a 1906

PRÉFACE

Infortuné ! je n'ai pu trouver des protecteurs qu'à l'approche de la misère et des malheurs ! Catholique, je n'ai connu que la férocité de ces sortes de gens sans cœur et sans pitié. Ils ont voulu me noyer, mais des dévoués sont venus à mon secours ; ils sont accourus pour me sauver à temps et m'empêcher de disparaître ; et ce n'est que dans de tels moments que l'on apprécie les services et que l'on en garde un durable souvenir. Étaient-ils catholiques ou protestants, ces braves gens, ou francs-maçons ou athées?... Je n'ai pas à citer des noms, mais, certes, ce n'étaient pas des hypocrites, ce n'étaient pas des Escobars, ce n'étaient pas des tyrans !

M. Deschamps a eu le temps de bourrer mon casier à son aise, il a eu le temps de le complé-

ter et d'écouter ses sous-ordrés, ses lieutenants :
ces hommes qui craignent toujours de ne pas
assez écraser les petits employés, ces martyrs
de mon époque. Ils étaient heureux de se décharger, de faire expier leurs fautes aux autres en
leur infligeant des amendes. Certes, lorsqu'elles
sont justifiées il n'y a rien à dire, il n'y a qu'à
se courber et à éviter que d'autres ne surviennent; et combien cela est difficile par moments !
Comment éviter les coups lorsqu'ils viennent
d'un puissant, d'un chef écouté, d'un persécuteur qui ne cherche qu'à vous flageller ; d'un
brutal qui ne cherche qu'à vous donner des
coups mortels afin que vous ne puissiez survivre, afin qu'il ne reste de vous que l'ombre de
vous-même ? Ce n'est qu'en de telles circonstances que l'on connaît la force du bourreau ; la
cruauté du despote ; heureusement que vient le
tour de tous ces tortionnaires, qui n'emportent
dans la tombe qu'une honte qui devrait être
éternelle !

Ils meurent, disparaissent, mais cela n'est pas
suffisant, ils n'ont pas souffert du glaive que
toute leur carrière ils ont tenu suspendu sur la
tête de leurs malheureux subordonnés, sachant
qu'ils étaient sans défense, à leur merci.

Mais ce n'était pas seulement à Lyon que cela

se passait ainsi ; c'était presque partout. Cependant il y avait des bons chefs, il y en avait de consciencieux ; mais ce n'était pas le plus grand nombre malheureusement, et ceux qui n'infligaient pas de nombreuses amendes ne faisaient pas leur chemin, il fallait frapper, au grand plaisir des méchants, inspecteurs principaux ou sous-ordres.

Suspectez, avilissez, se disaient-ils, pourvu que nous soyons à l'abri des coups ; pourvu que les petits supportent les incapacités de ceux qui doivent rester blancs comme neige, de ceux dont le casier ne doit en aucun cas être marqué à l'encre rouge ; et ceux-là étaient nombreux.

A Paris la différence n'était pas grande quoique l'on fût bien près de l'exploitation, de la direction.

Les mêmes vices existaient, les mêmes barbaries, les mêmes cruautés, les mêmes incapacités, les mêmes inégalités, et les mêmes irresponsabilités. Loin de moi de vouloir insinuer que les petits employés ne sont que des anges, certes non. Beaucoup n'en sont pas ; beaucoup ont besoin d'être mis en bon chemin, mais combien auraient été heureux de voir régner plus de justice, ayant un réel dévouement sans aucune espérance ; ils devaient se contenter de voir, de travailler, et de souffrir.

Ce spectacle effrayant devait durer jusqu'en l'an 1906, plaise à Dieu que par la suite le nouveau régime, instauré alors, se continue, et qu'il y ait moins d'injustice.

LE TRIUMVIRAT A LYON ET A PARIS

Le Père, le Fils, et le Saint-Esprit n'étaient autres que MM. Laboissière, inspecteur principal, Deschamps, adjoint, et Cantillon de Tramont, inspecteur hors classe. Ces trois personnages représentaient la quatrième section, et avaient pour lieutenants le chef de gare et sous-chef Briey.

Avaient-ils de l'esprit, eux qui, cependant avaient appris la philosophie. Le premier était sorti de Saint-Cyr, officier de chasseurs ; le deuxième de l'École centrale ; le troisième avait aussi reçu une instruction soignée ; les autres étaient à leur unisson. Mais comment la comprenaient-lis, cette philosophie ?... D'une façon étrange. Ils se plaisaient à faire du bien aux leurs ; mais aux autres que faisaient-ils ? Ils employaient tous les moyens pour nuire à ceux qui n'étaient pas capables de se défendre et de se faire respecter. Ils empêchaient les braves travailleurs de se frayer un petit chemin dans l'administration pour gagner leur vie et celle de leurs familles. C'était écœurant de voir ce qui se passait, de voir sacrifier ceux qui avaient les idées larges, vives, et qui ne se mêlaient pas d'intrigues, tous ces chefs se croyaient des dieux ! des êtres supérieurs pour faire respecter les droits de la compagnie, et écraser tout ce qui ne leur plaisait pas, tous ceux qui ne pensaient pas comme eux. Certes, il faut du respect envers les chefs, et au début de sa carrière, l'on ne comprend pas très bien tout ce que l'on voit. Mais on pouvait finir par croire à cette époque qu'une cruelle tyrannie était le régime adopté par ordre envers le personnel, l'ombre du droit était naissante, mais d'humanité il n'en était pas question, et dans certains milieux il n'y en aura jamais, car chaque régime a ses abus, les chefs aussi ; et pour certains sujets, être humain est le contraitre de la bonne règle, ou un retour à la barbarie.

Parlons un peu service maintenant.

Lors du garage du train 39 où il y eut trois voitures qui furent détournées de leur voie, qui avait tort ? à qui fallait-il attribuer cet incident de service, alors que l'aiguilleur Cler avait demandé un poseur pour tenir constamment les aiguilles et les croisements libres, vu la neige et la glace qui empêchaient la régularité du service ?

Le sous-chef de gare Briey ne s'en était pas dérangé, le chef de gare Coussieux non plus, l'inspecteur encore moins ; après l'accident ils sortirent de leurs bureaux et lorsqu'il fallut trouver un coupable ils se gardèrent bien de s'accuser de négligence. Ces braves (si l'on veut bien) eurent vite trouvé celui qui devait endosser leur méfait, car Cler, qui était assermenté, n'aurait accepté en aucun cas de passer pour le coupable après avoir demandé l'aide de la voie. Ils clouèrent donc au pilori l'auteur du *Triumvirat* (et, certes, il ne pensait guère à cette époque qu'il l'écrirait un jour) et l'homme d'équipe Gustave Martin fut gratifié de 5 francs d'amende ; et leur casier, à eux, restait sans tache.

Il est triste d'avoir à rappeler de tels souvenirs : est-ce un crime de les remémorer ? Cependant si de tels actes étaient enfouis pour toujours ce serait encore plus déshonorant pour l'auteur : c'était le premier, mais ceux qui suivent en diront plus long et montreront la valeur de ces grandes âmes, de ces hommes qui ne reculent devant aucun mystère afin de faire porter les grands fardeaux aux plus faibles : à ceux qui pour ne pas faire de dettes ne font qu'un repas par jour, pain et fromage matin et soir, pendant que ces braves sont au chaud l'hiver et au frais l'été après avoir vécu à la Gargantua.

Certainement que lorsque l'on arrive de la campagne l'on ne mérite pas d'être traité en douceur ; mais ce n'est pas une raison pour subir des humiliations imméritées.

Qui se rappelle ce brave Ardéchois nommé Cler, cet ancien poseur, aiguilleur à Perrache, alors que seul il avait fait son devoir, qu'il avait prévu qu'un accident ne tarderait pas à arriver, alors qu'une machine qui, tous les jours était annoncée de la Guillotière à

Perrache, allait au contraire à Vaise ? Cler avait prédit ce qui arriva. Et lors du tamponnement qui eut lieu sur les voies extérieures, si le conducteur s'était trouvé dans sa vigie (drôle de retraite sans doute) il eût eu le même sort que le wagon chargé de demi-muids qui fut écrasé. L'enquête eut lieu, mais comment fut-elle faite (d'une singulière façon)? Le brave Cler devait tout endosser étant désigné pour être la seule victime ; il devait être révoqué après vingt-quatre ans de service et gagnant 1.400 francs.

Ce qui fit le plus d'effet à l'auteur de ces lignes qui remplaçait son compatriote, ce fut lorsque Cler, étant suspendu de ses fonctions, vint à son ancien poste et, s'adressant à l'homme d'équipe Gustave Martin (ce brave pleurait à attendrir le cœur le plus dur), lui dit: « En qualité de compatriote il faut me rendre un service : ou je suis, où je vais être révoqué...

— Il m'est impossible de ne pas vous rendre un service, répondit l'auteur. » Cler reprit : « Je veux écrire une lettre au chef de l'exploitation et je ne suis pas fort pour cela, faites-moi un brouillon et je le copierai ensuite. Si vous croyez ne pouvoir le faire je vais en ville afin que ma lettre soit faite et envoyée d'urgence à Paris ». Martin lui répondit que puisqu'il en était ainsi le brouillon allait être fait *grosso modo* sous sa dictée.

Cler copia, compléta la lettre et l'envoya aussitôt (il n'était que temps). Quelques jours après, M. Picard, chef de l'exploitation, venait faire une deuxième enquête provoquée par la lettre envoyée par Cler.

Et dans le bureau de l'inspecteur principal où se trouvaient réunis tous les chefs qui avaient conclu à la révocation de Cler, M. Picard, un vrai Salomon, après avoir entendu les uns et les autres, trouva cette affaire très embrouillée et surtout les versions de ces messieurs, alors que celles de Cler étaient aussi précises et claires que son nom.

« Voyons, dit Picard, puisque Cler dit avoir signalé plusieurs fois la fausse annonce de cette machine, il doit y en avoir trace dans son carnet journalier. Faites voir, dit-il... » Aussitôt le carnet en main il se reporta à la date indiquée, mais que vit-il ? les feuillets avaient été déchirés.

Voyant cela, M. Picard eut vite tranché la question, il n'y avait plus de doute contre Cler et il lui dit : « Retirez-vous, mon ami. Vos journées vous seront payées et vous reprendrez votre service demain matin. » Ce que fit Cler, et à la fin du mois ses dix jours de suspension lui furent payés et il fut augmenté de cent francs par la suite. Il ne les avait pas volés, ce brave ; mais par contre après sa sortie du bureau de M. Laboissière il eût été curieux d'entendre les compliments que durent recevoir tous les membres du triumvirat, de la traction et de la voie. Que méritaient-ils ?... D'être révoqués séance tenante. Ces malheureux ! que dis-je? Ces malfaiteurs! qui n'avaient pas craint de sacrifier un pauvre diable, de le jeter moralement à l'eau avec une pierre attachée au cou afin qu'il ne reste de Cler que son ombre.

Il y eut un chef juste et, à la honte de ce triumvirat, ce fut M. Picard.

Il n'y a pas lieu de s'arrêter aux vétilles, mais cependant je me rappelle toujours du ballot de peau pesant 218 kilos dont la corde m'était entrée dans la chair ; pour toute récompense de l'avoir porté, je dus payer 1 fr. 25. C'était pénible et honteux pour M. Coussieux.

Que fallait-il penser aussi, lorsque des collègues ou des brigadiers étaient punis pour ne pas être entièrement en tenue ou en civil, soit dans la cour de la gare, ou place Perrache ou à Bellecour ; que fallait-il faire l'hiver ? S'en aller avec sa blouse dans le pantalon, avec la ceinture aux reins sans un méchant pardessus. Ce n'était pas une tenue bien fringante pour se promener en ville, mais M. Cantillon était si drôle qu'il se croyait obligé de retenir 1 ou 2 francs aux pauvres diables qui s'étaient permis de bigarrer leur tenue ; celui qui était pris et qui gagnait 3 francs, 3 fr. 25, 3 fr. 50 ou 3 fr. 75, si on lui retenait 1 ou 2 francs, il ne lui restait pas de quoi aller à la brasserie Georges.

Le coup du salut était aussi original, et certes, tout ceux qui connaissaient M. Cantillon se faisaient un devoir de le saluer, mais sous le hall des voyageurs, étant préoccupés soit de pousser des wagons ou de charrier les bagages, les pauvres sanglés n'avaient pas toujours l'œil pour remarquer s'il y avait sur leur chemin un monsieur bien ou mal mis. Celui qui se voyait retenir 1 franc sur sa journée ne trouvait pas cela bien amusant, l'on aurait dit que MM. Laboissière et Deschamps, sans oublier M. Cantillon, prenaient un réel plaisir à voir les petits se morfondre.

Il faut dire qu'à ce moment-là, M. Deschamps qui avait déjà un château se moquait et ne s'occupait guère de ceux qui avaient à peine une cabane à lapins ou qui ne faisaient qu'un repas par jour.

Parlons un peu du généreux Briey alors qu'il a envoyé mon collègue Robin à Vienne sur le marche pied du fourgon qu'il devait occuper comme conducteur supplémentaire. S'il avait été écrasé pendant le trajet, aurait-il nourri sa femme et ses quatre enfants?

Briey aurait été capable de dire que sans doute Robin se trouvait en état d'ébriété.

Que méritait-il le sous-chef Briey? une médaille ou la croix... Non ; il méritait qu'on parle toujours de ses manquements à son devoir... en commençant par le jour où étant aiguilleur, je devais remplacer au Saxby son protégé Paulin à 10 heures du soir : l'ayant trouvé sur les voies, qui s'en allait, il m'avait dit : « Tout va bien. » Et à mon arrivée au Saxby, je trouvai la voie (côté Vaise) occupée, que fallait-il faire sous un tunnel de plus de 2.000 mètres? En ce cas, je ne pouvais pas rendre la voie libre sans savoir si sous le tunnel un train ou une machine n'étaient pas engagés. Je devais en prévenir mes chefs et c'est ce que je fis.

Paulin eut 3 francs d'amende bien méritée (puisqu'il avait abandonné son poste) ; mais que fit son protecteur Briey… voyant que son protégé était puni et moi non, par une lettre qu'il envoya à l'inspection, ou sur son rapport, il fit si bien que le mois suivant j'eus aussi 3 francs d'amende. Là, par exemple, Briey méritait la croix de la Légion d'honneur.

Était-il un brave ou un malhonnête homme, un poltron ou un lâche ? Ce n'est pas à moi de le juger.

Mais attendez, et qu'en fit-on ?… Il fut nommé chef de gare à Perrache 2, et ensuite à Roanne. Aux lecteurs de juger s'il méritait que la compagnie lui fasse tant d'honneur !

Beaucoup peuvent dire que c'était un brave homme, mais le plus grand nombre dira que c'était un orgueilleux et brutal personnage, qu'il méritait plutôt les fers.

Que faisait M. Platet lors de l'ouverture du Saxby à Perrache, alors qu'il était sous-inspecteur, secrétaire de M. Picard ? Qu'avait-il fait, l'aiguilleur Forest, lorsqu'il fut menacé de 10 francs d'amende ?…

Ce brave s'était permis de faire observer à M. Platet que si le contraire de ce qu'il voulait faire exécuter était fait, les voies principales auraient été plus tôt débarrassées. « Comment, s'écria M. Platet… un aiguilleur qui se permet de me faire une observation… Vous aurez 10 francs d'amende. »

Forest lui fit remarquer à nouveau que s'il avait fait cette réflexion, c'était pour le bien du service.

« Vous aurez 10 francs », répéta-t-il.

Ce pauvre Forest était plus mort que vif et il y avait de quoi.

Avant de quitter Lyon, M. Platet vint au Saxby pour dire à Forest : « Je viens de vous faire lever vos 10 francs d'amende. — Merci, monsieur l'inspecteur, répondit Forest, et jamais je n'aurais pu croire que j'avais mérité d'être puni. » Ce jeune homme avait horreur de son forfait et ne voulut pas emporter à Paris un tel remords sur sa conscience.

Voyons, monsieur Deschamps, c'est votre tour maintenant. Que faisiez-vous, que pensiez-vous lors du départ du train 624 à 6 h. 20 du soir : la machine passa d'un côté, et le tender de l'autre. Vous étiez au chaud chez vous, ignorant tout ce qui se passait à la gare.

Après l'enquête faite sur cet incident, vous étiez d'avis que le service de la voie avait fait son devoir, que le chef de section avait fait exécuter un travail ne laissant rien à désirer, et que seuls les aiguilleurs étaient coupables. Cependant le sous-chef de gare, le sous-chef d'équipe et le conducteur chef avaient vu les signaux avant de faire partir le train. Pourquoi, en ce cas, prendre des mesures pour couvrir le chef de section, pourquoi lui donner raison et mettre, par ce moyen, la vérité sous le boisseau.

Cela montre encore une fois ce qu'étaient les chefs du triumvirat à Lyon, et combien ils étaient disposés à écraser en toute occasion ceux qui étaient pour eux zéros. Mais non, cependant, ce n'étaient pas tout à fait des zéros : c'est eux qui assuraient le service pendant que vous les écrasiez dans vos bureaux, et cela avait sa répercussion jusqu'aux petits cheffaillons qui eux, au moins, agissaient par bêtise, au lieu que vous tous vous agissiez par méchanceté. Vous fîtes, monsieur Deschamps, pour Favrichon et Martin, ce que M. Platet avait fait pour Forest. Mais ce Platet, qui devint plus tard inspecteur principal à Valence (où il mourut), était moins farouche que M. Deschamps, il n'avait pas doublé la punition, il n'avait pas insisté sur sa maladresse et il avait compris ses torts à temps.

Et vous, monsieur Deschamps, vous fîtes le contraire ; au lieu de vous ressaisir, notre punition fut portée de 3 à 5 francs pour l'auteur, et pour Favrichon de 5 à 10 francs. Pourquoi cela ? A moins que ce fût pour nous faire sentir encore une fois qu'avec un de ces châtelains qui avaient autrefois le droit de vie ou de mort sur les manants (et qui surtout sortait de l'École centrale) :

1° Nous n'avions pas le droit de nous défendre ;

2° Nous n'avions que le droit de nous incliner.

Étant jeune, je n'avais pas le droit de protester sans m'exposer aux rigueurs de M. Deschamps, mais Favrichon, ce brave père de six enfants, ne voulut pas entendre le son faux de la cloche de M. Deschamps, il refusa et j'en fis autant. Mais lui était hors d'atteinte approchant de l'âge de sa retraite, au lieu que l'auteur devait en souffrir jusqu'en 1908.

Quelque temps après, M. Deschamps, la deuxième personne du triumvirat à Lyon, était nommé inspecteur principal à Paris, et le hasard voulut que je le suive, comme attiré par une force invisible.

Au mois d'avril 1882, l'auteur s'étant marié, et sa compagne ne se plaisant pas à Lyon, il demanda son changement pour Paris. Mais n'ayant pas de réponse et voyant la mauvaise foi de M. Laboissière il n'y avait qu'une chose à faire : employer le moyen le plus simple en allant à Paris.

Ayant reçu à l'exploitation le meilleur accueil de M. de Bornet, le chef du personnel, l'auteur, sans longues phrases, fit part à son chef de ses intentions en disant que, de toute manière, il devait quitter Lyon, d'autant plus que sa femme qui se trouvait dans une position intéressante voulait à tout prix retourner à Paris. Donc, le changement était urgent à n'importe quel titre, ou bien il n'y avait qu'à démissionner.

« Il ne faut pas, répondit ce brave M. de Bornet, nous allons nous occuper de vous, retournez à Lyon et nous verrons. »

L'ordre fut exécuté à la lettre et peu de temps après, l'auteur recevait l'ordre qu'il était nommé conducteur de train à Paris. Sa joie était complète, mais il était loin de penser que le triumvirat de Lyon n'avait fait que changer de résidence, et que M. Deschamps en était le chef au lieu de M. Laboissière.

Qu'il trouverait en M. Delsaux un suppléant en la deuxième personne, et la troisième en M. Étienne.

Voilà comment le triumvirat fut reconstitué à Paris ; il devait être, pour l'auteur, plus terrible que celui de Lyon.

Le 24 octobre 1882, nous étions au n° 73 de la rue de Richelieu à Paris, et j'étais heureux de mon nouveau service, attendu que j'avais été fonctionnaire conducteur à Lyon pendant deux ans.

Après avoir été quelque temps dans le service de la réserve, je fus embrigadé et j'étais très heureux.

Je passe sur les petits incidents du service auxquels il n'y a pas lieu de s'arrêter. Cette période heureuse ne devait pas être de longue durée.

Étant bien considéré par M. Ithier, l'inspecteur des trains, car M. Verrier, mon chef de gare de Perrache, lui avait fourni de bons renseignements sur mon compte, j'étais donc très zélé pour le service, mais un incident imprévu vint mettre fin à mon bonheur.

Un conducteur nommé Charlot avait demandé de changer de conducteur chef, et ce fut Martin qui fut désigné, sans doute par M. Mouroux, mon chef de train principal. La bonne harmonie ne dura pas longtemps, et mon nouveau chef nommé Leclerc me fit bientôt sentir que je devais être sa victime.

Du conducteur des plus actifs, d'après M. Leclerc, il n'en resterait pas trace : une ombre et ce serait tout : il faut même croire que dans un moment de bonne humeur, Leclerc avait déclaré à Mouroux que je n'étais bon à rien.

M. Mouroux, au lieu de tenir compte que les conducteurs cherchaient (tous) à éviter de marcher avec Leclerc, fit part sans aucun doute à M. Ithier que d'après Leclerc il n'y avait pas à compter sur moi.

Ceci, pris à la lettre, j'avais donc trois ennemis : Leclerc, Mouroux et Ithier ; c'est même pénible d'écrire qu'un malheureux travailleur ne devrait pas trouver de telles tracasseries. J'aurais dû... si j'avais été... l'ombre d'un poltron, faire comme les autres, mais je ne voulus pas demander mon changement de chef ; j'ai préféré endurer, et je voulus aller jusqu'au bout sachant qu'il allait prendre sa retraite.

Mais d'avoir insisté, combien je dus m'en repentir ; la lutte était trop inégale et je dus souffrir d'une façon affreuse.

Jusqu'au 29 août 1885, j'avais pu résister, mais à dater de ce jour, je vis et je compris ce qu'il fallait penser de Leclerc, et surtout de Mouroux.

Qu'avais-je fait à ce seigneur appelé Mouroux? qui n'était sans doute pas un si excellent agent, puisque plus tard il fut relevé de son service de chef de train principal par ordre du ministre, et que je le retrouvai ensuite à l'exploitation comme inspecteur.

Peut-être que j'avais eu le malheur de passer devant ce personnage sans le saluer? mais on peut admettre qu'il soit possible, parfois, de passer près d'un chef sans le remarquer. Ce Mouroux, plus orgueilleux que

M. Cantillon de Tramont, eut le courage de me signaler comme endormi au train 586, venant de Montargis avant d'arriver en gare de Maisons-Alfort, alors que j'étais mouillé jusqu'aux os et que j'avais fait un service irréprochable. Je dus m'incliner devant cet homme qui prétendait avoir du sang noble dans les veines, je dus me courber devant ce farouche qui sans doute avant de quitter Paris pour venir faire son inspection sur la ligne avait pris un copieux repas. En recevant son faux rapport, M. Deschamps aurait dû s'informer si oui ou non je pouvais m'endormir dans l'état où je me trouvais. Mais non, sur la nouvelle confirmation mensongère de Mouroux, ma punition fut maintenue. Ce vil calomniateur fut écouté et je dus courber encore une fois le front sous les fourches caudines de cet ennemi des travailleurs qui ne demandent qu'à obéir, et non à avoir un tyran et un despote pour chef.

Ce jour-là, je ne dormais pas plus que le jour où M. Lagé, sous-chef de bureau, vint à passer devant une flèche chargée de colis-valeur pour la douane de Bercy.

A 8 heures du matin j'étais assis sur un colis, attendant cocher et chevaux ; un petit colis valeur de 25.000 francs était placé entre mes pieds et M. Lagé passant son bras pour s'en saisir reçut un coup de pied qui faillit lui enlever la main. Il devint aussi blanc que sa chemise et me dit : « Je croyais que vous dormiez.

— De manière à pouvoir surprendre mon homme, lui répondis-je, comme le lion qui fait semblant de fermer les yeux, mais est toujours prêt à dévorer son adversaire. »

A Maisons-Alfort c'était ainsi ; à Melun encore. Et chaque fois que je n'étais pas absorbé par le travail, je prenais cette posture de quelqu'un qui se recueille, qui écoute, qui saisit l'occasion de se défendre contre un malfaiteur. Et ce malfaiteur, qui était-il ? Était-il un brave homme, celui qui se vantait d'avoir du sang noble dans les veines, et pourtant ne différait en rien du plus méprisable délateur ; si M. Mouroux était un brave homme il n'y a rien à dire ; s'il était un despote il n'a qu'à boire la ciguë comme Socrate et à attendre la mort.

M. Mouroux avait des idées qui auraient peut-être été bonnes, s'il eût été dans un château, à faire valoir ses propriétés ; mais dans un tel service il fallait un homme pour commander des travailleurs, et non un garde-chiourme pour les punir par caprice. M. Mouroux était peut-être fait pour vivre parmi nous comme un grand seigneur parmi ses gens : mais les employés des trains ne devaient pas retourner au siècle précédent (puisque le chemin de fer n'existait pas en ce temps), ils devaient suivre le mouvement de leur temps, et surtout ne pas être regardés comme des parias.

Nous voilà au 30 novembre 1885, à Melun.

Que méritais-je ?... une simple réprimande, mais la soif de la vengeance devait se manifester. Leclerc se rappelait de Montargis ; du jour où il jeta avec vioence ses cartes sur la table, et dès lors ç'avait été un être inabordable.

Il se rappelait aussi des 5 francs d'amende qu'il récolta pour être parti de Villeneuve-Triage sans son conducteur : s'il avait fait son devoir, s'il s'était rendu compte, il m'aurait trouvé. Il fut donc heureux à Melun de pouvoir me faire infliger 15 francs d'amende, et il trouva un complice pour appuyer son mensonge, et ce complice ce fut M. Mouroux. Si j'avais été aussi méchant que Leclerc ou Mouroux combien de fois aurait-il été relevé de son service ? mais je préférais endurer et me morfondre sans rien dire.

Après Leclerc j'eus des conducteurs-chefs avec lesquels j'étais très heureux : mais cela ne devait pas durer. M. Deschamps se rappelait de Lyon, et sa victime était vouée à l'exécution. J'avais pour chef mou compatriote Coulon, et ce brave homme en eut gros sur le cœur, pour me dire un jour : « Martin, nous faisons notre dernier voyage ensemble. Vous êtes enlevé du service des trains. »

L'exécuteur des hautes œuvres de ce genre s'était prononcé, il fallait obéir ou démissionner. Ces hommes au cœur dur étaient heureux ; ils étaient satisfaits. Ils savaient que personne ne s'occupait de moi, ils n'ignoraient pas qu'à mon casier il n'y avait aucune lettre de recommandation. Donc, M. Deschamps jouait à jeu sûr, il avait les cinq maîtres atouts.

Mais la victime ne devait pas sombrer dans le malheur. Une protection devait apparaître, comme suscitée par la Providence. On me jeta une bouée de sauvetage, et je m'y cramponnai de toute mes forces, j'avais besoin de vivre, et non de mourir.

A partir du 1er mai 1886, j'appartenais à la gare de Villeneuve-Triage, sous les ordres de M. Loubaresse, et j'y restai jusqu'au 1er décembre de la même année.

M. Deschamps devait être heureux de m'avoir séparé de ma femme, de m'avoir refusé une carte de circulation et de se dire : « Ce coup-ci il n'en reviendra pas, il est près de la Seine ; il doit s'y noyer. »

En effet, j'y fus bien, mais pour me baigner. Je trouvais trop pénible de disparaître si tôt : quelque chose me soutenait avec une force irrésistible. Je devais prendre mon mal en patience en attendant ma liberté. Elle arriva en effet. Mais combien M. Deschamps dut être courroucé lorsqu'il se vit obligé de me faire rentrer à mon foyer, où je devais retrouver mon ancienne joie, ce qui mettait d'ailleurs un terme à des dépenses sans fin. J'avais souffert, mais je n'étais pas découragé.

A mon arrivée à Paris je restai un mois au contrôle. Ensuite je fus mis dans la cage à serins que M. Deschamps m'avait préparée, j'étais concierge près du buffet et de la poste, et très heureux en somme ; mais au bout de quelque temps mes membres s'engourdissaient, et il n'était guère possible qu'un lion finisse son temps dans une cage si étroite. Je fis un effort et je rompis avec cette vie sédentaire, bonne pour un ramolli et non pour un être vigoureux. Je fus alors placé dans un milieu où je pouvais agir, où mon esprit pouvait recevoir quelques lumières. Cela seul prouve que tôt ou tard les erreurs sont reconnues : mais si le patient disparaît en attendant, la cause est gagnée pour les intrigants.

Allons, monsieur Deschamps… comprenez-vous maintenant, rappelez-vous que les hommes doivent être jugés, mais non exécutés sans forme de procès.

Écoutez ce conseil, cet avis philosophique.

Mettez des serins tant que vous voudrez dans une cage à lions ; et vous pouvez être persuadé qu'ils ne resteront pas longtemps captifs, mais gardez-vous bien de mettre un lion ou un tigre, ne serait-ce même qu'une panthère, dans une cage à serins, vous pouvez être assuré d'avance que, comme les serins, ils n'y resteront pas longtemps. La seule différence c'est que les serins auront sans effort passé entre les barreaux au lieu que le lion ou le tigre en faisant un effort violent, brise tout et dévore son maître ensuite. Il déchire à belles dents ceux qui l'ont fait souffrir, ceux qui veulent le dompter en le faisant crever de faim ; ceux qui ont voulu le priver d'air, de lumière, de nourriture et de liberté.

Sur ce vaste quai du départ je pouvais donner la mesure de mon activité; j'y fus victime de mon dévouement. Après six mois de stage dans ce service de la messagerie je fus puni pour avoir fait trop de zèle, mais j'avais obéi. Si j'avais prié mon chef de m'éviter cette petite corvée, d'en désigner un autre, M. Ménard n'aurait pas mieux demandé, voyant que je ne me trouvais pas en état de résister au violent courant d'air.

Je la fis, cette corvée; mais le lendemain il n'y avait plus d'homme, encore une fois j'étais pris et bien pris. Mais malgré tout, avec beaucoup de soins et de sacrifices, je pus remonter à flot. Dans la souffrance je m'instruisais; une fois de plus j'étais la victime de ces tyranneaux qui m'avaient fait dévier de mon droit chemin afin que je m'égarasse dans une forêt où toute issue me serait fermée.

J'y fus, dans cette forêt de Tronçais, mais j'y étais en liberté, et pendant mes trente jours de convalescence je pus m'y promener à l'aise sans avoir l'idée de maudire ceux qui m'avaient occasionné cette sorte de villégiature.

A mon retour ce fut encore un changement, et du départ je passai à l'arrivée, pour y attendre ma retraite et parfaire mon instruction (drôles de professeurs).

J'y ai connu quelques moments tranquilles, mais combien ont duré les difficiles ! Durant vingt ans, que de chagrins, que de peines, que de mortifications, que d'illusions, que d'intrigues. Quand il s'agit de prendre le taureau par les cornes et d'essayer de le maîtriser, de vouloir montrer un peu de bon vouloir, de savoir-faire, c'est alors qu'il faut voir cette meute d'indispensables se présenter, et surtout les entendre, et sentir leurs grossiers crocs à ses jambes acharnés qu'ils sont à vous empêcher de maîtriser le taureau. Je fais allusion à leurs intrigues; il fallait que ceux qui n'étaient pas capables d'obéir, commandent; les autres rugissaient, frémissaient de voir ce sans-gêne, cette confiance mal placée. Ils étaient outrés de voir ces esprits rampants qui par rien ne ressemblaient à des chefs, imposer brutalement leur autorité à des sous-ordres qui leur étaient supérieurs par leur jugement, leur capacité, leur esprit impartial: par la sobriété et une conduite irréprochable, car, de ceux-là, il y en a eu sur le quai, mais peu.

Il va sans dire que, les intrigues dominant à l'inspection, le désordre était répandu dans les services. Le triumvirat, disloqué un instant, se reforma bientôt en la personne de M. Delsaux, de M. Étienne, sous les ordres du chef, M. Deschamps.

Du temps de M. Maquet, quel était le dévouement de son chef de manutention Salé... il fallait voir.

Arriva ensuite M. Delsaux qui fut la deuxième personne du triumvirat; et la troisième fut M. Étienne. Ils étaient ainsi au complet, et certes ils étaient faits pour s'entendre. La confiance de l'exploitation, de la direction, du conseil d'administration était bien placée. Du petit chef jusqu'à M. Deschamps il fallait qu'il y eût un accord parfait afin que rien ne résistât, que tout se brisât contre eux.

Enfin, ils n'ont pas eu besoin de faire un voyage au long-cours pour disparaître dans l'océan ; ils n'ont guère profité de leur retraite, mais ils avaient été si heureux avant de la prendre qu'après ils se trouvaient malheureux. Et le mieux qu'ils pussent faire était de se faire enterrer bien vite, afin de ne pas rencontrer en chemin les nombreux clients qu'ils avaient lésés. Heureusement que tout a une fin, mais, connaître le nombre de leurs victimes, cela intéresserait certainement la galerie.

Il aurait fallu que l'exploitation, la direction, ou le conseil d'administration reçussent toutes les plaintes et cela aurait suffi pour leur faire ouvrir les yeux.

C'est ça qui aurait fait ressortir l'incapacité de tous ces bons hommes ; la vérité les aurait fait rougir, ils n'auraient pas osé se présenter pour expliquer les conséquences de leur ignorance, ou de leur bestialité. Et les petits chefs, qu'auraient-ils pu répondre, si on les eût interrogés ? Tout simplement qu'ils étaient tenus d'agir ainsi par ordre de M. Deschamps ou de ses complices, et qu'ils se cachaient pendant que leurs ordres étaient ou n'étaient pas exécutés. Dieu, quelle confiance par moments ! Que d'obstacles, et tout se précipitant, il fallait à tout prix se mettre à la mode des organisations nouvelles, s'américaniser, tout refaire et détruire ces vieux rouages usés de toutes parts. C'était dur, mais il fallait s'y soumettre, en vertu d'ordres au-dessus de leur pouvoir, au-dessus de tout ce qu'ils voulaient imposer, et de tels zéros se croyaient, parce qu'ils avaient le commandement, des chefs supérieurs alors qu'ils étaient sans esprit d'initiative. On les a vus à l'œuvre les Salé, Pépion, Fenaille, Leleu, Étienne et Cⁱᵉ. C'est fini, d'eux il ne resre plus rien, pas même un bon souvenir.

Faut-il commenter un instant la journée du 18 mai 1894 à Bel-Air, gare de la Ceinture ? Où êtes-vous, gens à l'esprit farouche... causons-en un peu, arrêtons-nous une minute afin de bien examiner la plaie, cette plaie d'Égypte qui tue et déshonore en même temps.

Où est-il, le sage qui de son glaive trancha le nœud au lieu de le délier ? Il n'était pourtant pas embarrassant de voir où était la vérité ; mais non il ferma les yeux et prit le parti du plus fort sans se soucier de celui qui avait raison, mais qu'il fallait exécuter sans effusion de sang.

Lorsqu'on envoie quelqu'un au supplice, s'il est croyant on le fait accompagner par un aumônier.

Qu'avez-vous fait, monsieur Deschamps? Lors de l'enquête vous n'avez pas même daigné me faire accompagner par un commis, tandis qu'il aurait fallu au moins un inspecteur du P.-L.-M. égal en grade à celui de la compagnie de la Ceinture. Cependant M. Deschamps sait ce qui se passe dans les gares en pareil cas. Les témoins surgirent comme par enchantement alors que j'étais seul avec ce triste personnage. Comment voulez-vous que cela s'oublie, il faudrait être dénué de bon sens, et ce qui était le plus terrible, c'était de voir chaque jour mon bourreau sans avoir le droit de lui adresser la parole, de lui faire un reproche. Et que fit M. Deschamps ?

Ce complice fut heureux de faire savoir à l'inspecteur de la Ceinture que j'avais 20 francs d'amende et que j'étais privé de ma carte de circulation.

Malheureux ! il fallait tandis que vous y étiez me faire retenir mon mois de solde ! L'imposteur a été puni de son forfait quelque temps après, puisqu'il a été réduit presque à rien ; mais cela ne me rendait pas les 320 francs que me coûta cette affaire malheureuse.

Et M. Deschamps a-t-il été puni à son tour comme il le méritait ?... Non, à lui l'impunité était assurée ; et il devait une fois de plus se trouver tout joyeux qu'un tel homme lui fournît les moyens de me frapper sans merci. Mais providentiellement M. Deschamps ne tarda pas à être lui-même frappé, par la perte de sa fille et de sa femme. Et cela était pour moi une bien petite consolation. J'ai fini par triompher de mes persécuteurs, mais pas sans me demander ce qui m'était réservé encore, ce qui m'attendait à l'avenir.

Je ne pouvais atteindre M. Deschamps, mais il a été atteint par une main plus puissante, parce qu'elle était au-dessus de son emploi, de sa fortune et de sa puissance.

Si la mort faucha sa compagne et son enfant, a moi, la Providence m'a donné deux garçons que j'ai eu le bonheur de voir grandir ; et si plus tard ils ne peuvent pas me rendre les sacrifices que j'aurai faits pour eux... d'avance ils sont pardonnés ; mais que j'aie au moins le plaisir de les voir élevés.

Y a-t-il une ombre de bon sens dans ce court entretien ? Y a-t-il de la bonne foi et l'apparence de la vérité ? Ce n'est pas à moi d'en juger.

Il n'est pas permis non plus de prendre un poignard et de frapper. Non, mais il est permis de transmettre à la postérité le nom de ceux qui cherchent à fuir les responsabilités pour accabler les malheureux qui ne peuvent même pas se défendre par moments. Donc, à qui ai-je fait du tort ?... A personne, et dans le commerce comme au chemin de fer, on m'en a fait d'autant que j'étais de bonne foi. Et pendant ce temps-là, je me privais de tout pour combler les vides occasionnés par les intrigues. Qu'on me démasque si je le mérite, je le veux bien, mais je ne veux pas pardonner à mes frères, ni à celui qui est mort, et bien moins à celui qui est vivant... s'apppelât-il Auguste, et fût-il de dix ans plus âgé que moi.

A M. Bombardier, fallait-il lui garder rancune parce qu'il avait fait révoquer mon frère Louis ?

Pas le moins du monde, il n'avait fait que son devoir.

Il le fit aussi lorsqu'il me présenta pour être chef du carré, c'est-à-dire du service où l'on reconnaît et où l'on classe les colis postaux et en tarif général.

Mais il ne fut pas assez puissant.

Que dois-je penser de mon frère, alors que je m'étais dérangé pour lui ? Mais je ne fis que ce que mon autre frère (dont il sera parlé, plus loin) avait fait pour moi : ce malheureux croyait que s'il faisait grève le chemin de fer s'arrêterait, et qu'en me faisant honte cela suffisait pour payer la reconnaissance qu'il me devait. Mais il fut déçu et il en fut la première victime. Cependant : quoique étant en différend avec lui, je me fusse fait un devoir de l'accompagner à sa dernière demeure ; mais…, il y eut un mais. Je reçus la lettre de faire part vingt-quatre heures après son enterrement.

Comme les autres il doit être pardonné ; au lieu d'être homme à nuire à quelqu'un, à moi surtout, ce n'était qu'un innocent qui comprenait mal sa leçon ; mais il m'en donna une comme tant d'autres ; et il paya sa dette, il l'expia.

J'aurais dû passer là-dessus, mais en bon ou mauvais juge mes *Mémoires* doivent faire foi. Ils doivent être impartiaux ; ceux qui voudront me juger aussi peuvent le faire. Je les attends et je passe à mon autre frère ; celui-là ! le plus coupable d'autant qu'il ne péchait pas par ignorance.

A toi, mon frère que j'ai renié. Cependant tu

n'étais pas un bâtard, tu avais reçu une bonne instruction pendant que j'étais jeune encore. Et pourquoi, à la veille de prendre ta retraite, détruisis-tu l'édifice que tu avais bâti : ton emploi ? Et pourquoi détruisis-tu ta famille en même temps ? Et pourquoi allais-tu détruire la maison qui nous avait vu naître ?

J'aurais dû passer encore sur cela, et l'oublier : mais il faudrait être aussi vil que tu l'as été, aussi bourreau ! et je ne te pardonnerai pas tant que tu seras vivant.

Si je te survis, alors tu seras pardonné. Si non, jamais ? Cette page ne devrait pas être ajoutée ici, mais cependant je ne puis oublier, que durant dix-sept ans, alors que je pouvais voyager gratuitement, j'ai été privé de revoir le toit qui m'avait abrité jusqu'à vingt-quatre ans ; et cela pourquoi ?

Parce que je voulais arriver à mon but ; je ne voulais pas perdre mon modeste emploi, et bien moins ruiner ma famille. Et si j'étais venu à la maison paternelle, qui aurait pu m'empêcher en voyant un tel destructeur de le faire passer par la fenêtre ? Malheureux ! je t'ai évité, et j'ai évité mon déshonneur : j'ai conservé mon emploi et je travaille sans relâche, et heureux s'il m'est permis de travailler jusqu'à la mort.

Tu es cause que la maison est détruite, qu'elle va être vendue aux enchères ; et si je n'y mets plus les pieds, à ton tour tu seras obligé d'en sortir et de vivre de mendicité.

Voilà le sort qui t'est réservé, tu n'as pas craint d'ajouter ton nom au nom de ceux qui m'ont fait un tort considérable, moralement vous n'êtes que des malfaiteurs, et j'espère vous voir tous disparaître, frappés par le destin.

Au tour de M. Pépion maintenant, pourquoi avait-il accepté de porter un tel fardeau, accepté de commander un si important service, alors qu'il lui eût été impossible d'y être seulement brigadier?

Le coupable n'était pas Pépion, c'était M. Deschamps qui l'avait fait nommer : il aurait dû savoir qu'il était incapable de commander des sous-ordres plus intelligents que lui. Que lui avais-je fait, pour qu'il demande à M. Delsaux de me faire passer par-dessus bord ? Cet homme voulait se débarrasser du plus actif de ses subordonnés.

De M. Leleu, un mot en passant. Il aurait dû rester où il était et ne jamais mettre les pieds au service de la messagerie, son incapacité étant notoire. Le coupable n'était encore pas lui..., c'était M. Deschamps qui avait signé sa nomination.

De qui faut-il parler maintenant ? De MM. Étienne et Cie ? M. Deschamps aurait dû ne jamais avoir l'idée de faire un tel cadeau à la messagerie arrivée, d'autant plus qu'il était bon pour faire un garçon de buvette. Quant à Castéran, pour jouer son rôle quinze jours suffisaient; et il ne le comprit que lorsqu'il partit en retraite.

M. Delsaux paya sa dette en 1907, aussitôt après

avoir pris sa retraite. M. Étienne a payé la sienne en 1909. Ils doivent donc être pardonnés.

Mais que faisaient-ils ? où allaient-ils ? lorsque je les voyais réunis, ou dispersés avec le plus Maure des Marocains et le plus rouge des hommes étrangers au service. Ils étaient heureux de trinquer à ma santé, de se rendre chez M. Reure, chez M. Deschamps. M. Reure savait très bien que j'étais homme à leur faire mordre la poussière pour le service ; et pourquoi alliez-vous les trouver ? Vous étiez heureux de me traîner dans la boue chaque fois que l'occasion s'en présentait et sans aucun motif valable. Vous rappelez-vous aussi de l'époque où vous vous concertiez pour me faire disparaître de l'arrivée ? Vous saviez que je n'étais pas intrigant et que pendant vingt ans de service de nuit je ne m'étais jamais absenté de mon poste.

Y a-t-il quelqu'un qui puisse me démentir ? Vous étiez tous informés que personne ne s'occupait de moi, ni duc, ni marquis, ni comte, ni baron, pas seulement un membre de l'Académie.

M. Deschamps avait fait tout son possible, afin que mon casier ne fût qu'un paquet, un pâté d'encre rouge. Vous le saviez. Et pourquoi les cheffaillons du quai avaient-ils le droit de fouiller dans les casiers de l'inspection, au lieu de rester dans leurs bureaux ? Ce secret, il fallait le demander à maître Étienne.

Était-ce moi, l'hypocrite ; était-ce vous ? Étiez-vous

croyants ou pas, jésuites ou francs-maçons, protestants ou catholiques, athées ou musulmans ?

Si vous étiez juifs, vous aviez droit à votre place sous le soleil. Si vous étiez blancs ou rouges, ou de la couleur du lézard, vos droits étaient les mêmes. Il y a ici-bas place pour tous. Vous aviez cru qu'en employant de sales moyens cela suffirait pour me faire disparaître... Vous vous êtes grossièrement trompés ; je vous forçais à reculer pour mieux sauter. J'ai encore en mémoire le moyen radical que je fus obligé d'employer pour vous empêcher d'assouvir vos rancunes.

Je ne vous gênais pas cependant... mais je démasquais vos vices et vos vertus et cela ne vous amusait pas ; combien auriez-vous été heureux de me voir sur le pavé. Vous m'aviez acculé afin que je reçoive le coup de grâce, et en ce cas que fallait-il faire ? Ce fossé que vous aviez creusé, c'était de le franchir d'un bond, et à vous tous il vous était impossible de le faire, cela ne vous était pas permis à moins de vous exposer à tomber dans la boue que vous aviez remuée. Je suis libre maintenant et je vais expliquer comment je parvins à me dégager de cette étreinte.

Voulant sortir de l'ornière à tout prix et n'ayant pas l'intention de me laisser noyer, je pus obtenir une carte pour me présenter à M. Desmur, qui était alors sous-chef de l'exploitation, et ancien directeur des chemins de fer algériens. Et cette carte, je l'obtins d'une drôle de façon. Voici comment :

J'étais à Cluny au café avec un personnage de la ville, et par hasard il fut question du chemin de fer : j'éprouvais un certain plaisir en faisant part à cette personne des contrariétés que j'essuyais dans mon service, lui disant que j'avais affaire à des intrigants et que seul contre tous je n'étais pas à la fête. « Ce n'est pas possible, me dit cet ami... mais vous n'avez qu'une chose à faire. Je vais vous donner une lettre et vous irez de ma part voir M. Simyan. »

De retour à Paris, j'y fus ; et je fus reçu par M. Simyan d'une cordiale façon. Je lui fis part du désir que j'éprouvais de voir M. Desmur, et en même temps que j'avais l'intention de demander d'être nommé sous-chef... « Voilà, me dit-il, en me donnant sa carte ; allez voir M. Desmur de ma part. »

J'avais un anthrax au bras, mais cela ne m'empêcha pas de me présenter, et ce brave homme me reçut avec une bienveillance inespérée en me faisant remarquer que lui-même ne pouvait rien : que c'était M. Deschamps qui décidait de ces sortes d'emplois. Je remerciai M. Desmur d'avoir bien voulu me recevoir et je sortis de son bureau pour aller transmettre ma demande par voie hiérarchique.

Mais aussitôt que ces sortes d'oiseaux de mauvais augure eurent connaissance de ce qui s'était passé, c'était à qui se montrerait le plus prévenant à mon égard. Ce brusque changement en ma faveur me fit comprendre ce qu'ils étaient et ce qu'il fallait attendre d'eux. Bref, cette conversion dura quelque temps, mais aussitôt qu'ils apprirent que M. Desmur passait à la direction, j'eus à lutter contre tous, M. Delsaux voyait d'un mauvais œil que j'avais beaucoup d'autorité sur le personnel. Étienne et Cie voyaient aussi avec dépit qu'avec moi il leur serait difficile de continuer leur mauvais service ; qu'étant chef d'un service de nuit ou de jour, il me serait impossible de tolérer plus longtemps leur vieux système. « L'ancien a vécu, leur disais-je : le personnel a besoin de voir plus de justice et moins de faveur ; j'entends les sourds grondements des travailleurs ; ils sont écœurés avec raison, il faut donc que cela finisse. »

Mais quand je vis qu'ils s'étaient serré les coudes pour m'évincer, voici ce que je leur fis sentir sans me troubler : « Vous m'avez évité comme sous-chef ou chef, mais vous n'éviterez pas mes lettres, et mieux que cela, vous pourrez les lire, vous pourrez en prendre une copie si cela vous plaît. »

Avais-je raison de dire que les plus grands ennemis des travailleurs n'étaient autres que les petits chefs auxquels on accordait une confiance illimitée, à condition qu'ils ne s'opposent en rien aux mauvais desseins de ceux qui les commandaient, hommes sans pitié pour ceux qui osaient critiquer leurs actes.

Ils étaient pires que les voleurs des grands chemins, ceux-ci au moins ont le courage et la lâcheté de vous assassiner de face ou par derrière ; tandis que vous ne saviez que vous cacher après avoir lancé le coup, ou que médire de votre adversaire. Ce courage est celui des hypocrites. Chef et sous-chef de manutention, chef et sous-chef de bureau, chef de gare adjoint, si c'était sur l'ordre de M. Deschamps que vous agissiez, vous pouviez vous flatter que vous trompiez tout le monde : les clients et la compagnie, et cela dura jusqu'à l'arrivée du chef de gare adjoint Guigue. M. Reure, l'inspecteur de la gare de Paris, en avait assez de l'ancien système, mais il avait pour chef M. Deschamps; il avait à lutter avec le service du factage, plus puissant que M. Deschamps.

C'est suffisant, je crois ; le calme est à peu près rétabli et cela est peut-être dû au courage que j'ai montré sans crainte de me compromettre. Ma tâche est terminée ; j'ai eu le temps de confondre mes adversaires et cela me suffit, il faut espérer que j'aurai le bonheur de leur survivre à tous ; et combien je serai heureux s'il m'est permis de travailler jusqu'à ma mort.

La compagnie a été trompée trente ou trente-cinq ans durant par ces hommes néfastes. Elle leur octroie de 1.500 francs de rente à 2.000 ou 3.000 francs et sans doute 6.000, 8.000 ou 10.000 francs à M. Deschamps, qui dut prendre sa retraite le 1er juillet 1908 ; et moi qui avait démasqué leurs vices, j'avais 1.133 fr. et 40 centimes. Malgré tout ce qui est arrivé je m'en réjouis et je flétris une fois de plus ces Robert Macaire ! Ce qui est le plus curieux, c'est qu'ils s'empressent de rentrer tous dans le sombre royaume.

Voilà ce que c'est que d'avoir trop profité de la vie,

de s'être donné trop de soins ; forcément il y en avait qui n'en recevaient pas assez. Mais, pourvu qu'on puisse leur survivre sans trop souffrir, cela nous donne une certaine force de caractère, et j'avoue franchement que les leçons de tels professeurs ne s'oublient pas. Mais, pour affronter le danger, il faut avoir un appui moral, une force irrésistible qui ne nous abandonne pas un seul instant. Et sans doute que, si je n'avais pas eu l'occasion de connaître ces Messieurs (Simyan et Desmur), je n'aurais peut-être pas sollicité d'être sous-chef. Quoique ma demande n'ait pas été prise en considération par M. Deschamps, je n'en remercie pas moins les deux braves qui m'ont fourni l'occasion de faire cesser tant d'abus.

Jusqu'alors on s'était contenté de hausser les épaules sans rien dire, mais il fallait que cela eût une fin.

Il fallait que le mauvais vouloir de ces hommes, habitués au désordre, fût enrayé une bonne fois.

Sans s'en douter, MM. Desmur et Symian ont rendu un grand service à la compagnie et aux clients dont on appliquait les règlements, ce qui n'empêchait pas de recevoir leurs colis en retard. Et pourquoi cela ?... Par suite du mauvais vouloir des chefs plus haut nommés, et du factage qui ne savait que faire valoir son service au détriment de la compagnie et des clients.

Ainsi finit le *triumvirat* à Paris, qui avait été composé de MM. Deschamps, Delsaux et Étienne.

Que le public et les grands chefs de la compagnie vous pardonnent votre faiblesse, votre cupidité et votre esprit perverti qui avait en horreur les idées nouvelles. Puisqu'il en est ainsi, monsieur Deschamps, empêchez les progrès de l'électricité, et au lieu de devenir (sans doute) administrateur de la Compagnie P.-L.-M. après votre service actif, supprimez les chemins de fer afin qu'il ne nous reste pour voyager que vos bateaux sur la Seine.

Ramenez-nous au temps d'avant 1789. Renfermez-vous dans votre forteresse et donnez-nous des fers si vous en avez le droit... Votre fin approche et vous faites l'humble ; vous vous figurez peut-être que le personnel croit que les largesses données par les grands chefs venaient de l'inspection ? Personne n'ignore qu'elles ne venaient pas de M. Deschamps ; il n'y a que vos protégés qui font semblant de le croire, mais la majorité des employés qui ont été sous vos ordres connaissent votre instinct et votre âme. Débarrassez bien vite la première section, car peu y croient en votre bonne foi.

Le progrès, nous le devons aux grands-chefs, mais pas à M. Deschamps ; la masse des travailleurs ne lui doit rien, il ne fut que son bourreau. Retirez-vous bien vite et disparaissez afin qu'un voile épais couvre votre mémoire et qu'un roc abrite vos restes pour toujours.

La tâche que j'ai entreprise est énorme, fabuleuse pour celui qui ignore ce qu'a été l'École Centrale ; et si tous ses élèves ont imité M. Deschamps ils n'ont pas risqué de se signaler pour avoir été réformateurs. Mais cela ne peut que faciliter ma tâche et m'aider à la terminer.

Je finis l'analyse de cette époque tourmentée en adressant, en envoyant une dernière flèche aux membres du triumvirat et à leurs complices tant à Lyon qu'à Paris, et à tous ceux qui ne se plaisent que dans le désordre.

Divine Providence ! combien tu m'es venue en aide, combien tu m'as inspiré ! Quelle lutte, grand Dieu ! Pourquoi n'ai-je reçu tes rayons bienfaisants qu'après cinquante-cinq ans? Pourquoi ai-je été privé de cette lumière philosophique qui assouplit l'esprit et fortifie l'âme ? Ce secret, pourquoi ne me l'as-tu pas livré plus tôt ? Pourquoi as-tu voulu que je ne le trouve que dans la souffrance, et pourquoi encore m'as-tu affligé tant de fois dans ma malheureuse existence ? Pourquoi m'as-tu donné le courage de surmonter tant d'obstacles qui ont hérissé ma vie et celle de mes proches ?

Cette force surnaturelle tu ne me l'as donnée qu'à l'âge où l'homme est usé ; où il n'a plus rien à attendre et n'a plus qu'à se recueillir, ou à travailler pour lui ou les siens pour éviter la gêne, la misère qui guette le travailleur comme le chat guette la souris.

Enfin, pourquoi M. Deschamps est-il resté si long-temps à la tête de la première section ? Parce que, disait-on, il était indispensable. L'était-il ? Rendait-il des services extraordinaires à la compagnie? Non. La compagnie n'avait pas besoin de lui, et moins encore de ses services puisque son départ n'a été qu'un soulagement. Mais il avait de nombreux titres et des amis puissants. Ce n'était pas pour la gloire qu'il faisait son apparition à l'inspection, ce n'était pas pour rendre des services ; c'était pour arrondir sa fortune, c'était afin de paraître indispensable, afin que ceux qu'il avait marqués au fer rouge ne puissent sortir de son étreinte, qu'ils ne puissent s'échapper de ses griffes puissantes. Et comment ses chefs bien plus jeunes que lui pouvaient-ils aller à son encontre?

Vieux serviteur et fortuné, tous fléchissaient devant lui, devant la puissance de ses titres et de ses ans. Mais si on avait mis dans la balance le bien et le mal qu'il avait faits à la compagnie, ainsi qu'aux employés et aux clients, il ne lui serait resté que la honte, que le parti de disparaître ou de mourir ; d'aller s'abriter dans le granit réservé aux riches ; et ce repos, l'année 1910 le lui réservait. Si l'auteur de ces *Mémoires* et *Triumvirat* et de nombreux ouvrages qui ont suivi, est privé de granit ou de tombeau luxueux pour abriter ses cendres,il aura eu de son vivant la consolation d'écrire encore, en prose et en vers, à la suite de ses *Mémoires*, ne serait-ce que *Virgile et Alexandrine, l'Ingratitude humaine, Fernand et Fernande, Lina et Susanne, la Démocratie* en vers et fables, *Cléon et Phryné, Ariane, le Professeur*

Bougnard, *le Juif Micalon*, *la Démagogie* en vers alexandrins croisés ou accouplés (écrite en trente-huit jours), *Robert et Germaine*, *Muguet et violette*, et *l'Aristocratie*, en vers alexandrins accouplés.

Si M. Deschamps était vivant, ou ses amis, ce petit bagage suffirait-il pour les convaincre ? Si cela ne suffit pas il faut espérer que la source ne se tarira pas encore, et qu'il restera assez de temps à l'auteur pour confondre ses persécuteurs. Mais bientôt tous auront disparu, ainsi que ses bienfaiteurs. Entre ces derniers l'auteur se rappelle avec gratitude ce bon M. Ubach, sujet belge, celui qui me reçut en flanelle rouge en m'invitant à aller à Villeneuve-Triage : cet homme était sorti de l'école des Mines avec le n° 1 comme ingénieur à vingt et un ans, et avait été sous-directeur de chemin de fer en Itaiie. J'eus la douleur de le voir expirer, et après sa mort, les scellés nous furent confiés.

Mais ce brave qui évita mon naufrage avait un ami qui était intimement lié avec M. Picard, le chef de l'exploitation, et il faut croire qu'il se dérangea pour l'auteur puisqu'il le fit retourner à Paris. Celui-ci fut heureux d'aller remercier cet ami et il fut reçu comme un fils.

Ce brave M. Gottschalk, Suédois naturalisé Français, était président des ingénieurs civils. Comme M. Ubach il devait bientôt disparaître de ce monde, mais son souvenir reste gravé dans la mémoire de celui qui lui doit la plus vive reconnaissance.

Sans doute que sans cet homme de bien l'auteur n'aurait jamais pu écrire ses *Mémoires* et leur suite.

Comme beaucoup il serait resté dans une obscurité complète : mais la Providence n'oublie pas ceux qui doivent ne pas mourir tout entiers, ni de terrasser ceux qui doivent disparaître avec les bronzes que leur ont offerts leurs intrigants, comme si cela eût dû les faire vivre jusqu'à cent ans : comme si le jugement le plus terrible ne devait pas décider de leur sort !... Paix à celui qui rendit ce jugement : il était le plus équitable de tous.

Il faut s'estimer heureux que parmi ceux qui sortent des grandes écoles, si certains ont l'esprit tyrannique, il y en a aussi qui ont de bons sentiments. Pour ceux-là, l'auteur ne peut que les remercier encore une fois et il gardera d'eux un souvenir éternel !

Pour les autres, je les remercie encore une fois de m'avoir fourni l'occasion d'écrire mes *Mémoires*. Grâce à eux mon cerveau en travail va toujours se développant comme si j'étais appelé à devenir professeur à l'école de droit. Cependant, quelle différence ! quel abîme sépare ces hommes de moi, qui à vingt-quatre ans ignorais encore ce que c'est qu'un dictionnaire. Il est vrai qu'à cinquante-cinq ans, je crois pouvoir me permettre d'écrire en prose et en vers pour raconter tant de souffrances morales.

Et d'où vient cette prose surnaturelle ?

Savants, répondez ! c'est votre arrêt que j'attends ; mais il ne viendra jamais ! Qu'importe après tout :

d'où que cela me vienne, ce que j'écris est toute ma joie, toute ma fortune et toute mon espérance. Que la divine Providence m'accorde encore de longs jours. Que la mort attende longtemps pour me frapper, afin qu'il me soit permis de commencer bientôt un nouvel ouvrage.

FIN

IMP. JOUVE ET Cie, 15, RUE RACINE, PARIS

A LA MÊME LIBRAIRIE